Hasta que Luna se Apague

Thom Ramus

Content

Huellas en la Ciudad

Un Refugio en la Intemperie

La primera luz del amanecer se filtra a través de las ramas de los árboles, dibujando sombras alargadas sobre el parque vacío. Julián, aún medio dormido, siente la frescura de la brisa matutina mientras se estira ligeramente bajo el puente. Este rincón apartado, un refugio improvisado que cambia de lugar cada noche, se ha convertido en su único espacio de tranquilidad en la ciudad. La dureza del suelo se le ha vuelto familiar, y las escasas pertenencias que guarda en una mochila desgastada le dan una sensación mínima de estabilidad. Sabe que en cuanto el bullicio de la ciudad despierte, él y Luna tendrán que marcharse, pero estos minutos de calma le pertenecen.

Sus ojos se posan en Luna, que descansa envuelta en una manta raída a su lado. Su respiración es profunda y pausada, pero Julián nota los leves espasmos de dolor que recorren su cuerpo. Su leal amiga, su compañera de todos estos años, sufre en silencio, y él siente una punzada de impotencia que lo atraviesa. Con una suavidad casi reverente, se inclina y acaricia el lomo de Luna, cuidando de no presionar las áreas donde los tumores se han vuelto prominentes. "¿Cómo te sientes hoy, chica?" le susurra, con una voz que busca transmitir la calma que él mismo ha perdido.

Luna parpadea lentamente y le devuelve la mirada. Sus ojos cansados parecen comprender más de lo que un ser humano jamás podría. Julián se queda unos instantes así, observándola, agradeciendo en silencio cada día que ella permanece a su lado. Han compartido mucho más que momentos; han compartido una vida. Julián recuerda cómo la rescató de la calle hace ya varios años, cuando ambos se encontraban en circunstancias diferentes. Él, un hombre robusto y bien parecido, con una barba espesa y el pelo corto, jamás hubiera imaginado terminar aquí, bajo un puente, pero tampoco hubiera imaginado vivir sin ella.

Con cuidado, empieza su rutina diaria. Se quita la camiseta, una prenda que solía quedar ajustada sobre sus hombros anchos y brazos bien formados. Ahora, sin embargo, su cuerpo ha adelgazado tanto que la camiseta le queda holgada. Los huesos de sus hombros sobresalen, y las costillas son visibles bajo la piel curtida. Se lava la cara con una botella de agua que consiguió la noche anterior y, con gestos meticulosos, trata de asearse lo mejor posible. Aunque sabe que la sociedad lo juzgará por su apariencia, mantiene su dignidad en cada detalle, aferrándose a lo que le queda de autoestima.

Luego de asearse, Julián se ocupa de Luna. Le habla en voz baja mientras le revisa los vendajes que improvisó para cubrir los bultos dolorosos que le salen en el abdomen. Masajea con suavidad las zonas donde nota que Luna se queja con leves gruñidos, cuidando de no hacerle daño. Él sabe que cada día es una batalla para ella, y aunque su dolor es evidente, Luna permanece a su lado sin queja, como si entendiera que ambos se sostienen mutuamente en una especie de pacto silencioso.

Después de asegurarse de que Luna esté lo más cómoda posible, Julián prepara el carrito de la compra, su improvisado medio de transporte. Es una reliquia oxidada que chirría al menor movimiento, pero lo ha adaptado con cuidado para que Luna esté abrigada y protegida. Coloca una manta doblada en el fondo, asegurándose de que esté suave y sin arrugas, como un ritual casi sagrado. Luego, con todo el cuidado del mundo, toma a Luna en brazos y la deposita en el carrito, ajustando la manta a su alrededor para que no pase frío. Sus manos tiemblan al hacerlo, no tanto por la falta de fuerzas, sino por el miedo de causarle dolor. A veces, cuando el movimiento le resulta incómodo, Luna intenta quejarse, incluso amaga con morderlo, pero Julián no se ofende; simplemente le acaricia la cabeza y le dice en un susurro: "Todo va a estar bien, amor".

Mientras empuja el carrito y comienza a caminar por las calles aún desiertas, Julián reflexiona sobre cómo llegaron a esta situación. Piensa en los tiempos en que la vida era más sencilla, cuando tenía un trabajo estable en una clínica veterinaria y soñaba con abrir su propio refugio de animales. Fue en esos días cuando encontró a Luna, un ser tan perdido como él lo estaba ahora. La perra, rescatada de un abandono cruel, se convirtió en un espejo de su propio dolor y sanación. En su mutua compañía encontraron consuelo, y con el tiempo, ella se convirtió en la única constante en su vida. Cuando todo se desmoronó —su relación, su estabilidad, su salud mental—, Luna permaneció a su lado, y Julián decidió que jamás la dejaría sola, aunque eso significara vivir en las calles.

La gente que los ve pasar los observa con una mezcla de lástima y desprecio. Julián percibe las miradas de reojo, los gestos de rechazo, las manos que se meten en los bolsillos para evitar tocarlo al cruzarse en la acera. Ya se ha acostumbrado a esas actitudes, aunque a veces no puede evitar sentir una punzada de dolor. No saben quién es él, no conocen su historia ni el amor que lo une a su compañera de cuatro patas. Para ellos, Julián es solo un vagabundo más, alguien a quien ignorar o rechazar, pero para él, cada día es una prueba de su lealtad, un acto de amor que nadie más puede comprender.

A medida que el sol asciende en el cielo y las calles se llenan de vida, Julián se adentra en la rutina de la ciudad, empujando el carrito con Luna bien acomodada y abrigada.

Él sabe que sus días juntos están contados, que el cáncer de Luna avanza sin piedad, y que su única misión es hacer que esos últimos momentos sean lo más dignos posible. Se niega a entregarla a un refugio donde la podrían separar de él, y no le importa el sacrificio que eso implique. Al final, la vida se ha reducido a una simple verdad: él necesita a Luna tanto como ella lo necesita a él.

En el fondo de su mente, Julián se pregunta qué será de él cuando llegue el día en que deba despedirse de su amiga. Sin Luna, su existencia carecerá de sentido; será como perder una parte de sí mismo. Pero esos pensamientos los guarda para la noche, cuando las sombras lo envuelven y el peso de su situación se vuelve insoportable. Ahora, empujando el carrito por las calles de la ciudad, se concentra en el presente, en cada paso, en cada caricia que le brinda a Luna, aferrándose a los instantes de paz que logran robarle al tiempo.

Dignidad en los Detalles

La vida en la calle obliga a Julián a ajustarse a un ritmo que nunca imaginó, un ciclo de supervivencia donde cada pequeño trabajo es vital para mantener a Luna y a él mismos. No le importa trabajar bajo el sol o el frío, ni tener que agacharse en la acera o quedar con las manos sucias después de fregar ventanas; lo único que le importa es conseguir lo suficiente para cubrir las necesidades básicas de su compañera. Todas las mañanas, después de asegurar que Luna esté bien acomodada en su carrito y protegida del frío, se dirige a la zona comercial de la ciudad, donde ha conseguido algunos contactos en tiendas y pequeños comercios.

Julián limpia vidrieras y barreras metálicas de tiendas, dejando los cristales impecables a cambio de unas pocas monedas. Sabe que cada céntimo cuenta, así que se esmera en cada tarea. Con movimientos meticulosos, pasa el trapo por los bordes de las ventanas, frota hasta que el vidrio queda sin manchas, reflejando su propio rostro cansado y demacrado en la superficie pulida. A veces, si tiene suerte, algún comerciante lo llama para que realice reparaciones menores o para recoger cartones y cajas desechadas en la zona de carga y descarga. Son trabajos que requieren paciencia y esfuerzo, pero Julián los realiza con el mismo esmero de quien ha conocido la dignidad del trabajo antes de caer en esta situación.

Entre los trabajos, Julián se ocupa de su propia apariencia, algo que considera esencial para preservar un mínimo de respeto propio. Conoce la ubicación de baños públicos y refugios donde puede asearse, y se las ingenia para que sus ropas estén siempre limpias, a pesar de que las ha lavado mil veces en fuentes o fregaderos de baños de gasolineras. A primera vista, su aspecto no encaja con la imagen estereotipada de alguien sin hogar. Sus pantalones, aunque desgastados, están siempre bien ajustados y sin manchas; su camiseta está limpia, y sus zapatos, aunque viejos, no tienen agujeros. Su barba negra y espesa, que alguna vez fue un símbolo de fortaleza, la mantiene recortada con una navaja gastada que conserva como un objeto preciado.

Algunos transeúntes, al verlo, no pueden evitar mirarlo con extrañeza. Julián ha aprendido a detectar las miradas, las que oscilan entre el rechazo y la incomprensión, como si su presencia misma fuese una interrupción en el paisaje ordenado de sus vidas. Nota el desdén en el rostro de quienes lo evitan al cruzarse en la acera o lo miran de reojo cuando se acerca a recoger alguna lata en un contenedor. En esos momentos, mientras mantiene su mirada fija y digna, Julián se pregunta si alguna vez alguien se detendrá a preguntarle quién es realmente, por qué ha llegado a este punto, o si en sus ojos podrían ver alguna historia más allá de la superficie desgastada.

Un día, mientras limpia los cristales de una tienda de ropa, escucha a dos jóvenes que lo observan y murmuran en voz baja. "¿No podría simplemente buscar un trabajo de verdad?" comenta uno, mientras el otro asiente con una risa condescendiente. Julián ignora el comentario, pero no puede evitar sentir una punzada de dolor en el pecho. No saben, no entienden que en cada movimiento que hace, en cada centavo que gana, hay una lucha constante por preservar su dignidad, una dignidad que no está dispuesta a perder, sin importar cuántos comentarios o miradas juzguen su vida.

Mientras camina de vuelta a su refugio al final del día, con Luna descansando en el carrito, su mente se inunda de reflexiones. Se pregunta por qué la gente no puede ver más allá de lo que tienen enfrente, por qué resulta tan fácil juzgar a alguien sin conocer su historia. Piensa en los días en que su vida era diferente, en las decisiones que lo llevaron aquí, cada una de ellas marcada por el amor y la lealtad a Luna, una lealtad que otros no pueden comprender. Podría haber elegido una vida más fácil, buscar refugio y aceptar la separación de su perra para vivir con menos incomodidades, pero para él, eso sería renunciar a su razón de ser.

Esa noche, después de asegurar que Luna esté abrigada y bien acomodada, Julián se sienta junto a ella y mira el cielo oscuro. La calle le ha enseñado mucho sobre el desprecio y la indiferencia, pero también le ha revelado la importancia de mantenerse fiel a uno mismo. Mientras acaricia la cabeza de Luna y siente su respiración tranquila, sabe que, a pesar de todo, tiene algo que muchos de los que lo juzgan jamás entenderán: el profundo amor que lo une a su compañera.

La Salud de Luna, una Luz que se Apaga

El deterioro de la salud de Luna había comenzado de forma gradual, casi imperceptible, como una leve sombra que se cuela en un día soleado. Al principio, Julián había notado que ella se movía más lento, que a veces cojeaba ligeramente después de caminar largos tramos, y que su respiración, que siempre había sido firme y rítmica, se volvía pesada después de esfuerzos mínimos. Sin embargo, durante las últimas semanas, esos síntomas empezaron a intensificarse. Luna, que siempre había mostrado una energía insospechada pese a su edad, ahora parecía arrastrar el peso de cada paso, y su lomo arqueado evidenciaba el dolor que intentaba ocultar.

Cada mañana, mientras revisa los vendajes de sus tumores y masajea sus patas, Julián puede sentir cómo la fragilidad de Luna se vuelve cada vez más palpable, como si la vitalidad de su compañera se desvaneciera lentamente. A veces, Luna se estremece al contacto, su cuerpo reacciona con un leve gruñido, pero luego se calma y apoya la cabeza en su mano, como si reconociera que Julián intenta aliviar su dolor. Es en esos momentos que él siente una mezcla de impotencia y tristeza tan profunda que apenas puede contener las lágrimas.

La preocupación de Julián por el bienestar de Luna se convierte en una constante, una voz en su mente que nunca se apaga. A diario, se embarca en una especie de misión silenciosa, buscando maneras de obtener algún medicamento o remedio que pueda ofrecerle un alivio temporal. En más de una ocasión, ha acudido a las pocas personas de confianza que tiene, antiguos colegas de la clínica veterinaria o conocidos que han visto su situación y se han apiadado de él. Pregunta por analgésicos, ungüentos, cualquier cosa que pueda aminorar el dolor de Luna, aunque sabe que estos paliativos no harán más que retrasar lo inevitable.

Un día, Julián se encuentra con uno de sus viejos compañeros de trabajo, alguien que ha mantenido un leve contacto con él desde que su vida cambió. Tras escuchar su relato, el hombre le ofrece un pequeño frasco de pastillas para el dolor, advirtiéndole que no son una cura, sino solo un alivio temporal. Julián toma el frasco con manos temblorosas y agradece profundamente, sabiendo que para él y para Luna, cada día extra de calma es un regalo incalculable.

A pesar del dolor que sufre, Luna continúa mostrándole su amor incondicional. La perra, con sus ojos cansados y su andar tambaleante, sigue a Julián allá donde va, como si quisiera ser un pilar de fortaleza para él, incluso en sus últimos momentos. Hay días en los que ella parece reunir una energía inesperada y se esfuerza por mantenerse a su lado, demostrando su lealtad con cada paso. Julián percibe que Luna aún intenta ser la misma compañera de siempre, aquella que le ha brindado consuelo y compañía en los momentos más oscuros. Y aunque sabe que está sufriendo, su corazón se llena de ternura al ver cómo ella responde a sus caricias, buscando su mano con el hocico y dejándose mimar por él.

Cada gesto de afecto que comparte con Luna, cada caricia, cada mirada compartida, le recuerda a Julián la magnitud de la pérdida que se avecina. Los días que pasan juntos tienen un aire de despedida, una tristeza latente que Julián intenta evitar, pero que lo invade en los momentos de silencio. Hay noches en las que, sentado junto a ella bajo el frío cielo estrellado, se pregunta si está siendo egoísta al mantenerla en estas condiciones. Se debate internamente entre el deseo de hacer todo lo posible para aliviar su dolor y la culpa de no llevarla a un refugio donde quizás podrían ofrecerle mejores cuidados en sus últimos días.

Sin embargo, cada vez que observa a Luna, siente que no podría soportar la idea de alejarse de ella, ni siquiera por un instante. A pesar de sus dudas, se reafirma en su decisión de acompañarla hasta el final, sin importar lo difícil que sea el camino. Para él, el amor y la lealtad no son conceptos que se abandonan cuando se vuelven incómodos; son un compromiso hasta el último aliento, una promesa silenciosa que le hizo a Luna desde el día en que la rescató. Ella le ha dado todo lo que tenía, su amor, su compañía, y ahora es su turno de devolvérselo, de estar a su lado cuando más lo necesita.

Los días avanzan, y Julián se encuentra a menudo observando a Luna mientras duerme, tratando de memorizar cada línea de su rostro, cada suspiro pausado, como si al hacerlo pudiera preservar su esencia para siempre. En esos momentos de quietud, percibe la cercanía de la despedida, y una tristeza profunda lo inunda. Pero junto a esa tristeza, surge también un amor inmenso, una gratitud por cada instante compartido con ella. Sabe que cuando el día finalmente llegue, Luna se llevará consigo una parte de él, pero también está seguro de que ella dejará algo invaluable en su corazón: el recuerdo de una amistad que, contra todo pronóstico, resistió las dificultades de la vida en la calle y le mostró la pureza de un amor verdadero.

El Pasado Reflejado en las Huellas

Sentado en el parque, Julián observa el cielo de tonos grisáceos que cubre la ciudad mientras sus pensamientos viajan hacia otro tiempo, otro lugar. Con Luna acurrucada junto a él, los recuerdos vuelven con la claridad y la nostalgia de una vida que ahora parece lejana. Se ve a sí mismo como era hace algunos años, un hombre con propósito, con la mirada firme y el deseo de ayudar a los animales que tanto amaba. Era veterinario, y su trabajo en la clínica le proporcionaba no solo estabilidad económica, sino también una profunda satisfacción emocional. La pasión que sentía por su labor le daba sentido a su vida, y cada día era una oportunidad para hacer algo significativo.

Fue en esos días de estabilidad cuando conoció a Luna. Una tarde, trajeron a la clínica a una perra rescatada de una situación de abuso extremo. Su cuerpo era frágil y estaba cubierto de heridas, pero en sus ojos aún brillaba una chispa de vida. Luna era pequeña y delgada, y temblaba ante cualquier ruido o movimiento brusco, como si estuviera preparada para recibir otro golpe. Julián sintió una conexión instantánea con ella; algo en sus ojos reflejaba un dolor similar al que él mismo, aunque de forma menos visible, había comenzado a experimentar. Con paciencia y amor, se encargó de su recuperación, ofreciéndole todo el cuidado y la atención que necesitaba. Poco a poco, Luna empezó a confiar en él, a reconocerlo como un protector, y él decidió adoptarla, convencido de que nadie la entendería tan bien como él.

Eran tiempos felices, llenos de planes y sueños compartidos. Julián y Luna formaron una familia única, inseparables en su mutua compañía. Sin embargo, la vida, con su extraña mezcla de bondad y crueldad, pronto le traería una serie de golpes difíciles de soportar. Uno de esos golpes llegó cuando su relación de años con su pareja se desmoronó. Fue una ruptura dolorosa, llena de silencios y reproches, el resultado de distancias emocionales que habían crecido lentamente entre ellos hasta convertirse en abismos. Aquella persona había sido un pilar en su vida, alguien con quien había compartido no solo su hogar, sino también sus anhelos y sus miedos más profundos. Cuando esa relación terminó, Julián sintió que una parte fundamental de él se rompía de manera irreversible.

La ruptura fue el inicio de una espiral descendente de la que le costaría mucho salir. Al perder a su pareja, también se alejó de su familia y amigos, incapaz de soportar las preguntas, los consejos bienintencionados y las miradas de compasión. Se aisló cada vez más, cayendo en un pozo de tristeza y soledad que lo consumía lentamente. En los meses que siguieron, la depresión se volvió su compañera constante, y el trabajo, que antes le daba sentido a sus días, se convirtió en una carga que apenas podía soportar. Su desempeño comenzó a decaer, y con el tiempo, sus jefes notaron que algo no estaba bien. Finalmente, perdió su puesto en la clínica, un golpe devastador que lo dejó sin recursos y sin dirección.

A medida que su situación empeoraba, Luna permaneció a su lado, su única fuente de consuelo en una vida que parecía perder cada vez más sentido. Aunque él estaba hundido en su propio dolor, la lealtad de Luna lo obligaba a levantarse cada mañana, a luchar contra la apatía que lo dominaba. Incluso en sus peores momentos, cuando no tenía fuerzas para enfrentar el mundo, la presencia de Luna le recordaba que no estaba completamente solo. Ella, con su mirada confiada y su paciencia infinita, le daba un motivo para seguir adelante. En esos días oscuros, Julián entendió que Luna se había convertido en su ancla, su razón para no rendirse por completo.

La pobreza llegó gradualmente, sin previo aviso, como una tormenta que se acumula en el horizonte y que, cuando menos lo esperas, cae sobre ti con toda su furia. Perdió su apartamento y, sin ingresos ni apoyo familiar, fue incapaz de mantener un techo sobre su cabeza. Pero en lugar de entregarse al sistema de asistencia, que le ofrecía refugios pero le exigía separarse de Luna, decidió vivir en la calle. No había otra opción para él; la idea de abandonar a su amiga era impensable, un acto de traición que no podía cometer. Prefirió el frío y la dureza del asfalto, los días de incertidumbre y las noches al raso, a cambio de mantener a su compañera cerca, de saber que ella siempre estaría segura y amada.

Ahora, mientras observa a Luna dormir en su carrito, Julián reflexiona sobre todo lo que han pasado juntos, sobre el camino que los llevó a esta realidad que la mayoría de la gente no comprende. La tristeza de su situación actual es innegable, pero en el fondo, siente una especie de gratitud, una extraña paz que surge de saber que, a pesar de haber perdido casi todo, nunca ha perdido el amor ni la lealtad. Luna ha sido su única constante, el recordatorio de los tiempos buenos y la compañera en los tiempos malos. Para él, ella representa lo que queda de su humanidad, de su capacidad de sentir, de dar y recibir amor, incluso cuando el mundo se ha vuelto un lugar hostil.

Y aunque sabe que sus días juntos están contados, Julián se aferra a cada momento con ella, como si cada caricia y cada mirada compartida fueran una promesa silenciosa de que el amor es más fuerte que la adversidad. En Luna ve un reflejo de todo lo que ha sido y de todo lo que ha perdido, pero también de la esperanza que aún se niega a abandonar por completo. Sabe que mientras Luna esté a su lado, aún queda algo por lo cual luchar, algo que le recuerda que, a pesar de todo, alguna vez conoció el amor y la alegría.

El Pasado que Se Desvanece

La Pasión en los Primeros Pasos

La primera vez que Julián cruzó las puertas de la clínica veterinaria, sintió una calidez que lo abrazó de inmediato, como si el lugar lo estuviera esperando. Era una clínica pequeña, casi modesta, pero estaba cuidada con una devoción que se notaba en cada rincón. Las paredes, pintadas de un verde suave, tenían colgadas fotos de mascotas con sus dueños, capturando momentos de felicidad después de tratamientos exitosos o de cirugías que les salvaron la vida. Había una estantería con juguetes de goma y pelotas de tenis para los perros, y una pequeña zona de rascadores y camas para los gatos, todo dispuesto para que los animales se sintieran cómodos desde el primer momento.

Los días de Julián en la clínica comenzaban temprano. Llegaba antes que los demás, revisando los suministros, asegurándose de que los instrumentos estuvieran esterilizados y en perfecto estado. Era meticuloso, casi obsesivo, con cada detalle, y no porque sintiera presión, sino porque para él, cada animal que pasaba por sus manos merecía un cuidado impecable. Disfrutaba preparando el consultorio antes de que llegaran los pacientes, ordenando frascos y jeringas en la pequeña mesa de metal y colocando los guantes y batas con cuidado. Aquello era su santuario, un espacio donde podía entregarse sin reservas a su vocación.

Al llegar el primer paciente, Julián se transformaba. Su rostro, serio y concentrado, se iluminaba con una sonrisa cálida, especialmente si el paciente era un animal nervioso o asustado. Sabía que para ellos la visita al veterinario era una experiencia estresante, y se esmeraba en que cada consulta fuera lo menos traumática posible. Cuando veía un perro temblando o a un gato erizado en su jaula, no dudaba en agacharse para estar a su nivel, murmurándoles en voz baja palabras de calma. Tenía una voz suave y pausada, y en sus gestos se notaba la paciencia de alguien que entendía que estos animales, aunque no pudieran hablar, percibían el miedo, la ansiedad y el consuelo.

Los dueños, al verlo, se relajaban también. Algunos entraban con el ceño fruncido o con lágrimas en los ojos por la preocupación de sus mascotas, pero al ver a Julián interactuar con sus compañeros peludos, se daban cuenta de que estaban en manos de alguien que realmente se preocupaba. Julián siempre escuchaba atentamente sus historias, sin interrumpir, y luego les explicaba cada paso del tratamiento con detalle, asegurándose de que comprendieran todo. Sabía que no solo estaba tratando a los animales; estaba tratando también a sus dueños, brindándoles consuelo y empatía.

En ocasiones, el trabajo en la clínica requería largas horas de espera y paciencia. Recuerda un caso en particular, un perro pastor que había sido atropellado y que llegó a la clínica con múltiples fracturas. Julián pasó días cuidando de él, colocando sueros, aplicando calmantes y cambiando vendajes. Durante las largas noches, se quedaba al lado del animal, hablando en voz baja y acariciando su pelaje para calmar su dolor. Fue una recuperación lenta y complicada, pero al final, el perro logró ponerse en pie de nuevo. La satisfacción que sintió al verlo caminar fue indescriptible, como si cada minuto de esfuerzo hubiese valido la pena. Los dueños, llenos de gratitud, lo abrazaron emocionados, y Julián, conmovido, sintió que este trabajo le daba más de lo que él mismo ofrecía.

Además de los casos de emergencia, había también momentos de pura alegría en su día a día. Los cachorros que llegaban para sus primeras vacunas, con sus patas torpes y su curiosidad insaciable, o los gatos que se deslizaban por la clínica con un aire de nobleza y despreocupación. Julián se permitía momentos de juego y ternura, acariciando a los cachorros o dejándose sorprender por la elegancia y sigilo de los gatos. Sabía que no todos los días serían de finales felices, pero estos momentos le daban la energía para enfrentar los casos más difíciles.

Cada noche, cuando la clínica quedaba en silencio y el último paciente se iba, Julián se sentaba en la sala de espera, dejando que la paz del lugar lo envolviera. Observaba las fotos en las paredes, recordando las historias detrás de cada una. Sentía una profunda satisfacción al saber que ese día había marcado una diferencia, aunque fuera pequeña, en la vida de esos animales y sus dueños. Reflexionaba sobre el privilegio que tenía de trabajar en algo que realmente le importaba, algo que le daba una identidad y un propósito más allá de cualquier cosa material.

Esa sensación de propósito, de saber que su vida estaba alineada con algo más grande que él mismo, era lo que lo hacía levantarse cada mañana con determinación. Julián sentía que su trabajo como veterinario no era solo una profesión; era un llamado, una misión en la que podía ver y experimentar la vulnerabilidad y la nobleza de los animales, y al mismo tiempo, la capacidad humana de amar y cuidar de seres que, en muchos sentidos, eran indefensos. Y aunque no siempre era fácil, y aunque los días podían ser agotadores y emocionalmente intensos, él sabía que estaba exactamente donde debía estar, haciendo exactamente lo que estaba destinado a hacer.

En esos años, Julián construyó más que una carrera; construyó una vida basada en el cuidado y la empatía, y en esos primeros pasos como veterinario encontró una satisfacción y una paz que pocas veces había sentido.

Ecos Familiares

Julián creció en una familia que, aunque unida en apariencia, estaba llena de silencios y diferencias sutiles que él nunca terminó de comprender del todo. Su madre, Carmen, era una mujer amorosa pero excesivamente protectora. Siempre había sido quien mantenía unidas las piezas de la familia, preocupándose por cada detalle, desde las comidas hasta las celebraciones de cumpleaños. Era una persona de naturaleza afectuosa y dulce, pero también tenía una tendencia a proyectar en sus hijos sus propios miedos y anhelos. Carmen veía en Julián a su hijo sensible, el que necesitaba de su cuidado, y siempre estuvo preocupada por la seguridad de su futuro, pues, a sus ojos, él era más vulnerable que sus otros hermanos.

Su padre, Ramón, era el opuesto. Un hombre pragmático, de pocas palabras, cuya relación con Julián siempre estuvo marcada por una mezcla de distancia y respeto. Ramón había trabajado toda su vida en una fábrica de maquinaria pesada, levantándose antes del amanecer y regresando tarde, con la cara sucia de grasa y las manos ásperas por el trabajo. Para él, la vida era simple y directa: se trataba de trabajar, ganar dinero y mantener a la familia. Nunca entendió del todo la sensibilidad de Julián ni sus inclinaciones hacia los animales, y aunque nunca lo expresó abiertamente, Julián siempre sintió que su padre hubiera preferido que eligiera una carrera más "útil", algo que garantizara estabilidad y un buen ingreso. En los ojos de su padre, Julián veía algo de incomodidad y desconcierto cada vez que hablaba sobre su pasión por la veterinaria.

Julián también tenía dos hermanos mayores, Miguel y Alicia, quienes ya habían construido sus propias vidas. Miguel era ingeniero, un hombre metódico y ambicioso, alguien que, desde joven, había tenido muy claras sus metas. Alicia, por su parte, era maestra de primaria, con una personalidad más comprensiva, aunque también muy pragmática. Ambos compartían una relación cercana con Julián, pero también estaban tan ocupados con sus propias responsabilidades y familias que, aunque querían a su hermano menor, no siempre lograban entender su elección de vida.

En las cenas familiares, Julián sentía una mezcla de amor y frustración que no sabía cómo manejar. Los temas de conversación giraban alrededor de logros académicos, carreras exitosas y planes de futuro, con un tono de expectativa que a menudo lo hacía sentir fuera de lugar. Cuando se graduó como veterinario, su madre estaba orgullosa de él y se lo decía a cada oportunidad, aunque al mismo tiempo no ocultaba su preocupación. "Es un trabajo bonito, hijo", le decía con una sonrisa llena de cariño y ansiedad, "pero no sé si vas a tener la estabilidad que necesitas". Carmen lo miraba con una ternura protectora, como si todavía fuera el niño que ella había cuidado, y eso, aunque le agradaba, también le recordaba que ella nunca lo veía como un adulto capaz de tomar sus propias decisiones.

Su padre, en cambio, siempre era más parco en sus comentarios. Durante las cenas familiares, cuando Julián hablaba de algún caso especial en la clínica, Ramón asentía en silencio, sin mostrar mucho interés. En una ocasión, después de que Julián compartiera una historia emotiva sobre cómo había ayudado a salvar la vida de un gato callejero atropellado, Ramón lo miró con expresión seria y le dijo: "Está bien lo que haces, hijo, pero deberías pensar en algo que te asegure un mejor futuro". La frase, aunque dicha sin intención de herir, fue como un golpe para Julián, que sintió una incomodidad profunda al ver cómo sus propias ambiciones no se alineaban con las expectativas de su padre.

Miguel, su hermano, solía preguntar con curiosidad, pero con un dejo de incredulidad: "¿Y te pagan bien por eso, Julián? Porque suena como mucho trabajo, pero... ya sabes, no es como ingeniería". Aunque Miguel lo decía en tono de broma, a Julián le resultaba molesto, y en más de una ocasión tuvo que forzarse a sonreír para no responder con irritación. Alicia, por otro lado, intentaba mostrar comprensión, pero sus comentarios siempre iban en la línea de "es importante ayudar a los animales, claro, pero ¿has pensado en enseñar o en algún otro trabajo más estable?"

A lo largo de los años, estas conversaciones dejaron una marca en Julián. Aunque nunca dudó de su vocación, cada vez que regresaba de una reunión familiar sentía una especie de vacío, una sensación de no pertenecer del todo. Se daba cuenta de que, aunque su familia lo quería, no terminaban de comprender la profundidad de su amor por los animales ni la satisfacción que sentía en su trabajo. Para ellos, ser veterinario era algo admirable, pero al mismo tiempo, lo veían como una opción que no se correspondía con las "grandes carreras" que garantizaran un futuro seguro.

A pesar de estas diferencias, Julián sentía cariño por su familia. Sabía que sus comentarios no venían de un lugar de maldad, sino de una preocupación genuina, especialmente de su madre. Entendía que ellos querían verlo prosperar, y para ellos, prosperar significaba tener estabilidad financiera y un trabajo convencional. Sin embargo, esa presión, aunque sutil, lo hacía sentir incompleto en su propia casa, como si cada vez que compartía sus logros y experiencias, estuviera intentando defender algo que ellos no podían ver ni sentir.

En sus reflexiones más profundas, Julián se preguntaba por qué su pasión por los animales parecía tan extraña para su familia, por qué algo que le daba sentido a su vida no lograba encontrar eco en las personas que más quería. Sabía que nunca sería como Miguel o Alicia, que nunca seguiría un camino convencional, y esa comprensión lo llenaba de una mezcla de orgullo y melancolía. Aunque los amaba, Julián comprendía que, en muchos aspectos, su familia representaba una versión de la vida de la que él había decidido distanciarse, un mundo en el que la seguridad y la estabilidad tenían un peso mayor que la realización personal.

Así, cada vez que terminaba una reunión familiar, regresaba a su propia vida con una renovada convicción de que había elegido el camino correcto, aunque eso lo hiciera un tanto incomprensible para los suyos.

El Encuentro con Luna

Cuando Julián vio a Luna por primera vez, fue como si algo en su mundo, que ya de por sí estaba tambaleándose, se reacomodara. Aquella tarde lluviosa había sumado más horas de las que debía en la clínica, revisando registros y ordenando medicinas en un intento de despejar su mente. Fue entonces cuando, en medio del sonido de la lluvia golpeando el pavimento, unos golpes urgentes en la puerta de la clínica lo sobresaltaron. Al abrir, encontró a un grupo de voluntarios de un refugio local, empapados hasta los huesos y envueltos en una mezcla de ansiedad y determinación. En los brazos de una de las voluntarias, una perra apenas reconocible temblaba incontrolablemente bajo una toalla desgarrada y sucia.

Julián los hizo pasar de inmediato y apenas vio de cerca a la perra, sintió un nudo en el estómago. Luna estaba en condiciones lamentables: su pelaje, ennegrecido por la suciedad y el barro, estaba pegado a la piel, y en varias partes se veían heridas abiertas, rojas e infectadas. Su respiración era rápida y superficial, y su cuerpo entero se contraía cada vez que alguien intentaba tocarla. Julián se dio cuenta enseguida de que, más allá de las heridas físicas, Luna cargaba una herida emocional profunda. Sus ojos, opacos y entrecerrados, mostraban una resignación que lo conmovió. En lugar de ladrar o gruñir como cualquier otro perro que tuviera miedo, ella apenas respondía, con una mirada perdida y temerosa, como si aceptara cualquier cosa que le sucediera.

Decidió actuar de inmediato. Con los movimientos precisos de quien conoce su oficio, llevó a Luna a una de las mesas de examen y les pidió a los voluntarios que le contaran su historia mientras él revisaba cada centímetro de su pequeño y frágil cuerpo. Había sido encontrada en un terreno baldío, atada a un poste con una cuerda vieja y corta que no le permitía moverse más allá de unos pocos centímetros. Probablemente llevaba días sin comer ni beber, y las heridas en su cuerpo sugerían un historial de maltrato constante. A medida que escuchaba la historia, Julián sentía una mezcla de rabia y compasión, un impulso feroz de protegerla y curarla.

La primera noche fue larga y agotadora. Julián limpió cada una de sus heridas, aplicando un antiséptico suave y cuidando de no lastimarla más de lo que ya estaba. Notó que tenía costras antiguas y cicatrices que indicaban que esta no era la primera vez que sufría abusos. Para los moretones y las áreas inflamadas, le aplicó compresas tibias, esperando reducir un poco el dolor que seguramente sentía. Sus manos se movían con una suavidad extrema, casi como si estuviera atendiendo a un bebé, y cada tanto le hablaba en susurros, diciéndole que estaba segura, que nadie volvería a lastimarla.

La segunda etapa de su tratamiento fue estabilizar su estado físico. La desnutrición de Luna era evidente, y cada hueso de su cuerpo parecía sobresalir como un recordatorio brutal de su abandono. Julián preparó un régimen alimenticio específico para ella, comenzando con pequeñas cantidades de comida blanda que pudiera digerir sin dificultad. Sabía que su estómago, después de tanto tiempo sin recibir comida adecuada, debía adaptarse poco a poco. Pasaba horas preparando sus comidas, mezclando suplementos y vitaminas para ayudarla a recuperar fuerzas sin abrumar su sistema. Durante los primeros días, Luna comía con desconfianza, mirando a su alrededor como si esperara que alguien le arrebatara la comida, pero poco a poco empezó a relajarse y a aceptar sus cuidados.

Con el paso de las semanas, Luna mostró una lenta mejoría. Julián le hacía pruebas de sangre para asegurarse de que no tuviera infecciones graves, y aunque estaba anémica y débil, no tenía enfermedades graves que complicaran su recuperación. Cada vez que cambiaba sus vendajes, la miraba a los ojos, buscando algún signo de reconocimiento, de confianza, algo que le indicara que ella entendía que él solo quería ayudarla. Luna, sin embargo, seguía temerosa, y aunque se dejaba cuidar, sus ojos permanecían distantes, como si estuviera atrapada en un lugar de oscuridad del que no podía escapar.

Julián empezó a pasar noches en la clínica, quedándose en un sillón en la misma habitación donde Luna dormía en una camita improvisada. Temía que ella se lastimara o empeorara si la dejaba sola, y, en el fondo, también encontraba en esos momentos de silencio una paz que no lograba en otro lugar. Durante esas largas horas de vigilia, le hablaba en voz baja, contándole historias de su vida, sus propias inseguridades y momentos difíciles, como si, al abrirse de esa manera, pudiera ayudar a sanar las heridas invisibles de Luna. Con el tiempo, la perra comenzó a tolerar su cercanía; ya no retrocedía ni tensaba el cuerpo cuando él se sentaba junto a ella, y aunque aún no lo miraba directamente a los ojos, se acurrucaba en su cama cada vez que él le hablaba en su tono suave y calmado.

Hubo una noche en particular que Julián nunca olvidaría. La clínica estaba en penumbra, y él, exhausto, se había quedado dormido en el sillón junto a la cama de Luna. En medio de la noche, un movimiento lo despertó. Abrió los ojos y, en la tenue luz, vio a Luna acercarse lentamente a él, mirándolo con una mezcla de curiosidad y miedo. Se detuvo a solo unos centímetros de su mano extendida, olfateándola tímidamente antes de tocarla con el hocico. Julián contuvo la respiración, temiendo que cualquier movimiento brusco rompiera ese frágil momento de confianza. Cuando ella se quedó así, en contacto con su mano, él sintió que habían cruzado una barrera invisible.

Desde esa noche, algo cambió entre ellos. Aunque Luna seguía siendo una perra cautelosa y desconfiada, comenzó a seguirlo con la mirada cuando caminaba por la clínica, y cada vez que él se acercaba a ella, ya no apartaba la vista. Julián entendía que el camino hacia su recuperación emocional sería lento, pero estaba decidido a acompañarla en cada paso. Con cada curación, cada cambio de vendaje y cada susurro, se aferraba a la idea de que Luna también sanaría, aunque fuera a su propio ritmo.

A medida que pasaban los días, Julián empezó a comprender que su relación con Luna era algo más que un simple vínculo entre veterinario y paciente. Luna, con sus cicatrices físicas y emocionales, reflejaba algo de su propia vulnerabilidad. En esos momentos de silencio y de cuidado, cuando ambos estaban solos en la clínica, él sentía que ella entendía algo que pocas personas podrían entender: esa necesidad de encontrar en otro ser un refugio y una razón para seguir adelante.

Luna fue recuperando fuerzas, y cuando finalmente estuvo lista para dejar la clínica, Julián tomó una decisión que ya no le sorprendía: la adoptaría. Había algo en ella, en su silencio y en sus ojos cautelosos, que lo hacía sentir comprendido de una manera profunda. Al firmar los papeles de adopción, sintió que estaba comprometiéndose a más que a darle un hogar; estaba asumiendo la responsabilidad de cuidarla y protegerla en todo momento, igual que ella lo haría con él.

Así comenzó su vida juntos, una vida de sanación mutua en la que, aunque las heridas del pasado aún dolieran, ambos encontraban en el otro un apoyo incondicional. Luna se convirtió en su compañera, su amiga y su guía en un camino de autodescubrimiento que apenas estaba comenzando.

Un Amor que se Desmorona

Julián recordaba su relación amorosa como un refugio que le había dado estabilidad y paz en momentos en que la vida parecía confusa y abrumadora. Su pareja, Adrián, era un hombre seguro y carismático, alguien que había llegado a su vida en el momento justo. Adrián tenía un aire sereno que contrastaba con la intensidad emocional de Julián, y eso había creado un equilibrio casi perfecto entre ambos. Se conocieron en una cena organizada por amigos en común, y desde el primer momento, la conexión fue innegable. Adrián tenía una sonrisa tranquila y una presencia que parecía calmar las inquietudes de Julián. Era alguien con quien podía hablar durante horas, compartir sus inseguridades y anhelos, y encontrar un entendimiento que lo hacía sentir completo.

Durante los primeros años, la relación fue como un sueño hecho realidad. Vivían juntos en un pequeño apartamento lleno de plantas y luz natural, que decoraron con cariño, eligiendo cada mueble y cada cuadro con una ilusión que los hacía sentir como en una eterna luna de miel. Adrián era arquitecto, y sus conversaciones solían girar en torno a proyectos y diseños; él le mostraba a Julián sus ideas para edificios y espacios, y Julián, a su vez, compartía los casos más emotivos de su clínica veterinaria. Eran dos mundos distintos que lograron complementarse a la perfección, y ambos se encontraban en sus diferencias, fascinados por el universo del otro.

Los días estaban llenos de pequeños rituales: los desayunos tranquilos en los que Adrián preparaba café mientras Julián leía las noticias en voz alta, las tardes de domingo en el parque donde paseaban a los perros del refugio, y las noches en las que preparaban juntos la cena, entre risas y música de fondo. Adrián hablaba sobre abrir una oficina de arquitectura, y Julián soñaba con una clínica veterinaria propia; ambos se prometían que, en algún punto, sus vidas se estabilizarían y esos sueños se harían realidad. Compartían metas, esperanzas y planes a largo plazo que, en su momento, parecían tan sólidos como su amor.

Sin embargo, con el tiempo, algo comenzó a cambiar. Julián no lograba entender qué estaba sucediendo ni en qué momento los pequeños desacuerdos se convirtieron en discusiones constantes. Comenzaron a surgir expectativas no expresadas, críticas sutiles que antes se decían en broma y ahora llevaban un tono más serio. Adrián empezó a dedicarse más a su trabajo, pasaba más tiempo en su oficina o viajando, y Julián comenzó a sentir que, poco a poco, la cercanía que los había unido se desvanecía. En varias ocasiones, Julián intentó hablar con él, expresar cómo se sentía, pero Adrián, quien siempre había sido un hombre calmado, ahora parecía distante, como si sus pensamientos estuvieran en otro lugar.

Las discusiones fueron ganando terreno. Julián sentía que Adrián lo cuestionaba cada vez más, como si su trabajo como veterinario no fuera tan importante ni significativo como él pensaba. Adrián, en cambio, parecía frustrado, insistiendo en que Julián estaba obsesionado con la clínica, descuidando aspectos importantes de su relación y de su vida en común. Los malentendidos se acumulaban, y aunque ambos intentaban volver a esos días felices, la brecha entre ellos parecía hacerse cada vez más grande.

Una noche, después de una discusión especialmente intensa, Julián se quedó solo en el apartamento, sintiendo una soledad que nunca había experimentado antes. Adrián había salido dando un portazo, dejando tras de sí un silencio que parecía aplastarlo. Sentado en el sofá, Julián trató de entender en qué momento todo había cambiado, qué habían perdido por el camino. Recordó las promesas, los planes y los sueños que ahora parecían desvanecerse como humo. Esa noche, mientras las luces de la ciudad iluminaban débilmente el apartamento vacío, Julián sintió que algo dentro de él se rompía de una forma que nunca había sentido.

La ruptura fue devastadora. Aunque intentaron salvar la relación, con cenas reconciliadoras y promesas de cambios, ambos sabían que algo esencial se había perdido. Adrián terminó por marcharse definitivamente, llevándose consigo no solo su presencia, sino una parte fundamental de la vida de Julián. En los días siguientes, Julián sintió que caminaba por un abismo, como si todo lo que había construido se hubiera desmoronado de un momento a otro. Le costaba conciliar el sueño, y el apartamento, que alguna vez fue su hogar, se convirtió en un espacio lleno de recuerdos dolorosos, de momentos que ahora le resultaban insoportables.

La separación lo dejó emocionalmente exhausto, sin saber cómo seguir adelante. A pesar de que siempre había sido un hombre atractivo, alguien con quien otros solían interesarse y coquetear, Julián nunca había sentido la necesidad de buscar la atención de otros; Adrián había sido todo para él. Pero ahora, sin su pareja, la idea de empezar de nuevo le resultaba imposible. Se sentía desorientado, como si hubiera perdido no solo a una pareja, sino también una parte fundamental de su identidad. Su vida había estado tan entrelazada con la de Adrián que ahora, sin él, no sabía quién era ni hacia dónde iba.

Con el tiempo, la depresión fue instalándose en su vida de manera silenciosa pero persistente. Las cosas que antes le importaban, como su trabajo en la clínica o sus amigos, comenzaron a perder sentido. Las noches se volvían cada vez más largas, y los días pasaban en una especie de neblina en la que apenas encontraba algo de alivio. El dolor de la pérdida y el vacío que sentía lo sumieron en un aislamiento emocional, desconectándolo de las personas y del mundo que lo rodeaba.

A veces, mientras caminaba por las calles sin rumbo fijo, recordaba aquellos días felices y se preguntaba si alguna vez podría volver a sentir esa paz, esa sensación de pertenencia que Adrián le había dado. Pero, en el fondo, sabía que algo en él se había roto de una forma irreparable, y que la vida, tal como la conocía, jamás volvería a ser la misma.

La ruptura con Adrián fue para Julián como si alguien hubiera arrancado de cuajo una parte de su vida. Los días se tornaron en un desierto interminable, cada uno igual de árido y vacío que el anterior. Al principio, intentó mantener la rutina, aferrándose al trabajo en la clínica como si aquello fuera suficiente para llenarlo, como si pudiese encontrar en el cuidado de sus pacientes un alivio para el agujero profundo que sentía en el pecho. Sin embargo, cada vez que regresaba al apartamento vacío, donde cada rincón guardaba el eco de los momentos felices que habían compartido, la soledad lo asaltaba con una fuerza que lo dejaba sin aliento.

Ese apartamento, que habían llenado juntos con pequeños recuerdos, ahora parecía una burla cruel. La planta que Adrián había colocado en la ventana, las fotografías de sus viajes juntos colgadas en las paredes, e incluso la música que solían escuchar, todo se había convertido en un recordatorio amargo de lo que ya no era. Algunas noches, Julián se encontraba caminando de un lado a otro del apartamento, sin rumbo, buscando algo que no podía identificar. Sentía como si el silencio del lugar fuera ensordecedor, cada rincón de aquel espacio le gritaba la ausencia de Adrián, y no había nada que pudiera hacer para calmar esa sensación de vacío que lo devoraba.

Empezó a descuidarse. Las llamadas de sus amigos, los mismos que alguna vez compartieron cenas y salidas con él y Adrián, comenzaron a acumularse sin respuesta en su teléfono. Al principio se disculpaba, inventando excusas de trabajo o de cansancio, pero con el tiempo simplemente dejó de responder. Sentía que hablar con ellos era un esfuerzo monumental, una tarea que no tenía la energía para enfrentar. Sabía que le preguntarían cómo estaba, que intentarían consolarlo, pero la sola idea de explicar lo que sentía le resultaba insoportable. ¿Cómo podría poner en palabras la magnitud del dolor que lo embargaba? ¿Cómo describir esa sensación de que todo en su vida había perdido el sentido?

Las pocas veces que salía de casa, lo hacía a escondidas, en horarios donde sabía que era poco probable encontrarse con alguien conocido. Se sentía avergonzado, como si el fracaso de su relación fuera una marca que todos pudieran ver en su rostro. Cada paso fuera de su apartamento era un recordatorio de que el mundo seguía adelante, ajeno a su dolor, mientras él se quedaba estancado, atrapado en un lugar que ya no reconocía como propio. Evitaba pasar cerca de lugares que solían frecuentar juntos, de cafeterías donde compartieron risas, de parques donde alguna vez pasearon. Todo en la ciudad estaba impregnado de recuerdos que le dolían al punto de que prefería refugiarse en casa, por muy asfixiante que fuera esa soledad.

Las noches eran las peores. Cuando el sol se ponía y las sombras se extendían en el apartamento, el peso de la soledad se volvía casi físico, como una presencia oscura y sofocante que lo mantenía despierto hasta el amanecer. Julián recordaba las noches que pasó junto a Adrián, las veces que rieron, que hablaron de sus sueños, que se prometieron estar juntos sin importar las adversidades. Ahora, esas promesas parecían crueles ilusiones. Muchas noches, se encontraba a sí mismo sentado en el sofá, mirando al vacío, con la mente perdida en un torbellino de recuerdos y arrepentimientos. Sabía que la relación había tenido sus problemas, que no todo había sido perfecto, pero no podía evitar preguntarse si habría algo que podría haber hecho para evitar que todo se desmoronara.

Con el tiempo, la tristeza se convirtió en una especie de letargo, en una rutina en la que se dejaba arrastrar por el día sin encontrar nada que realmente lo motivara. La depresión se fue instalando en él de manera lenta pero implacable. Los días de trabajo en la clínica, que antes le llenaban de energía, ahora le parecían una obligación pesada. Llegaba, atendía a sus pacientes, pero su entusiasmo, esa chispa que alguna vez lo hizo amar su trabajo, se había apagado. Sus colegas comenzaron a notar el cambio: ya no era el mismo Julián alegre y dedicado de antes. A veces, cometía errores que antes jamás habría pasado por alto, y se disculpaba con una indiferencia que dejaba a los demás preocupados y desconcertados.

La soledad y el dolor lo consumían de una forma que él no podía controlar. Se sentía vacío, como si todo lo que alguna vez le dio sentido a su vida se hubiera desvanecido. Las cosas que antes le importaban —sus sueños, su trabajo, su círculo social— parecían tan lejanas, tan irrelevantes, que apenas podía recordar por qué alguna vez se esforzó por ellas. En sus momentos más oscuros, se quedaba mirando el teléfono, debatiéndose entre llamar a Adrián o dejar que las cosas quedaran en el pasado. Se resistía a hacerlo, sabiendo que no había vuelta atrás, que lo que había terminado estaba roto para siempre. Sin embargo, esa certeza no mitigaba el dolor; al contrario, lo hacía más agudo, como una herida que nunca dejaba de sangrar.

Las noches se volvieron interminables, y la idea de despertar cada día le resultaba un peso insostenible. Julián sabía, en el fondo, que estaba perdiéndose a sí mismo, que el hombre que alguna vez fue —un hombre con sueños, con una vocación y con personas que lo querían— se desvanecía con cada día que pasaba. La depresión lo encerraba en un ciclo de pensamientos oscuros y desesperanzados, un ciclo del que no veía salida. Se sentía solo, más solo de lo que alguna vez había imaginado posible. La soledad era una presencia constante, una sombra que lo perseguía en cada rincón de su vida, y que lo hacía cuestionarse si alguna vez sería capaz de volver a sentir algo más que vacío.

Con el tiempo, la situación llegó a un punto en el que la clínica, el único refugio que le quedaba, se volvió insuficiente. El peso de su soledad se convirtió en una carga que no podía soportar, y las pocas personas que intentaban ayudarlo empezaron a alejarse, cansadas de su silencio y su indiferencia. Julián veía cómo, lentamente, su vida se desmoronaba, y aunque una parte de él quería luchar, sentía que no tenía fuerzas, que el dolor era más fuerte que cualquier intento por recuperarse. En ese momento de oscuridad profunda, Julián tocó fondo, comprendiendo que había perdido no solo a una pareja, sino una parte esencial de sí mismo, y que el camino hacia la recuperación parecía cada vez más lejano.

La Soledad y la Depresión

Después de la ruptura, Julián se sumergió en un estado de soledad que parecía interminable. La tristeza lo consumía cada día más, y el silencio de su apartamento se volvía insoportable. Las paredes parecían encogerse, y el eco de los recuerdos aún persistía en cada rincón, haciendo que la idea de regresar a casa al final de la jornada le resultara casi aterradora. Para evitar enfrentarse a ese vacío, decidió volcarse completamente en su trabajo. Pasaba horas interminables en la clínica, a menudo siendo el primero en llegar y el último en marcharse. Creía que, manteniéndose ocupado, podría adormecer el dolor que le atormentaba, convencido de que la actividad frenética era la única forma de mantenerse en pie.

Cada día en la clínica se convertía en una carrera contra sus propios pensamientos, un intento desesperado por evadir la tristeza que lo envolvía. Revisaba una y otra vez los expedientes de los pacientes, reorganizaba medicamentos y limpiaba las mesas de examen como si aquel trabajo mecánico pudiera darle algo de paz. Sin embargo, aunque al principio el trabajo le proporcionaba una distracción momentánea, pronto empezó a darse cuenta de que estaba perdiendo la capacidad de concentrarse en lo que hacía. Los errores y descuidos comenzaron a ser frecuentes: olvidaba los medicamentos de algunos pacientes, confundía las dosis y, en más de una ocasión, estuvo a punto de cometer fallos graves en los tratamientos.

Sus compañeros de la clínica empezaron a notar el cambio. Julián, el veterinario que siempre había sido meticuloso y entregado, se mostraba ausente y a veces incluso irritable. Había perdido la paciencia y la calma que antes lo caracterizaban. Más de una vez, sus colegas intentaron hablar con él, le preguntaban si estaba bien o le sugerían que tomara algún descanso, pero Julián simplemente respondía con evasivas, forzando una sonrisa que no convencía a nadie. Sabía que su rendimiento estaba decayendo y que su comportamiento preocupaba a quienes le rodeaban, pero no podía evitarlo. Sentía que cualquier intento de abrirse a los demás solo expondría el dolor que intentaba ocultar, un dolor que sentía como una herida abierta y que temía que nadie pudiera comprender.

El aislamiento que Julián comenzó a experimentar no se limitaba al trabajo. Fuera de la clínica, su vida social se desmoronaba a un ritmo imparable. Los mensajes de sus amigos y familiares se acumulaban sin respuesta. Al principio, se obligaba a contestar con mensajes cortos, simples excusas para evitar compromisos o para explicar su falta de ánimo. Pero, con el tiempo, dejó de responder. La sola idea de hablar sobre su situación, de poner en palabras el vacío que lo devoraba, le resultaba insoportable. Prefería evitar cualquier conversación, cualquier encuentro en el que pudiera verse obligado a compartir su sufrimiento. La idea de enfrentar la compasión o la preocupación de los demás le generaba una sensación de vergüenza y miedo.

Sus amigos, al no obtener respuestas, comenzaron a distanciarse. Las invitaciones para salir, para cenar o simplemente para pasar un rato en compañía, dejaron de llegar. Sabía que lo hacían por respeto, que no querían presionarlo, pero cada mensaje no respondido, cada llamada ignorada, se sentía como una pequeña traición a sí mismo. Julián, una persona que alguna vez disfrutó de la compañía y la calidez de sus amigos, ahora se encontraba atrapado en una soledad autoimpuesta, incapaz de encontrar la fuerza para pedir ayuda. En cuanto a su familia, sus intentos por acercarse fueron igualmente infructuosos. Su madre, siempre preocupada, intentaba llamarle y ofrecerle apoyo, pero cada conversación era para él como una montaña insuperable. Decirle la verdad, admitir lo profundamente herido que estaba, le resultaba impensable, así que se limitaba a respuestas monótonas, asegurando que estaba "ocupado" o "demasiado cansado".

Poco a poco, la soledad se convirtió en un hábito, un manto oscuro bajo el cual se refugiaba para no enfrentarse a su propia vulnerabilidad. Las horas pasaban sin rumbo, y cada noche era una batalla para conciliar el sueño. En esos momentos de soledad extrema, sentía que su vida había perdido todo sentido, que los sueños y planes que alguna vez tuvo se habían desmoronado sin remedio. La tristeza que lo invadía se transformaba en una desesperanza profunda, en la certeza de que ya no había nada que lo impulsara a seguir adelante.

Sin embargo, en medio de ese abismo, había una pequeña luz que le ayudaba a no rendirse por completo: Luna. Su compañera fiel, su confidente silenciosa, era lo único que lo mantenía anclado en la realidad. Al regresar al apartamento cada noche, Luna lo esperaba, y en sus ojos Julián encontraba un consuelo que nadie más podía ofrecerle. Ella, que había sido rescatada de una vida de dolor, comprendía de algún modo el sufrimiento de Julián. Cada vez que él se sentaba en el sofá, Luna se acercaba lentamente, apoyaba su cabeza en sus piernas y lo miraba con esa mezcla de ternura y lealtad que solo un animal puede ofrecer.

Luna se convirtió en su único motivo para levantarse cada día. El simple acto de cuidar de ella, de asegurarse de que estuviera bien alimentada y cómoda, le daba una razón para no dejarse caer por completo en el abismo. En los momentos más oscuros, cuando la tristeza se volvía insoportable, Julián encontraba en ella una presencia constante, un recordatorio de que no estaba completamente solo. Aunque no podía compartir con ella sus pensamientos ni hablarle de su dolor, sabía que Luna estaba allí, y eso le proporcionaba un alivio silencioso que le daba fuerzas para seguir adelante, aunque fuera un día más.

Con el tiempo, Julián comprendió que Luna era más que una compañía; ella se había convertido en un ancla, en la única conexión que le quedaba con una vida que aún tenía algo de sentido. En sus momentos de reflexión, mientras acariciaba su pelaje o simplemente observaba cómo dormía, entendía que, aunque su vida parecía haber perdido el rumbo, había algo, o alguien, que aún dependía de él.

La soledad de Julián no solo se debía al silencio de su apartamento y a la pérdida de Adrián; había otro tipo de aislamiento que se hizo aún más profundo cuando sus amigos, aquellos con los que había compartido tantas noches de confidencias y risas, comenzaron a alejarse de él. Muchos de sus amigos eran también amigos de Adrián, y tras la ruptura, parecía que todos, sin decirlo directamente, habían tomado partido por su ex. La idea de que aquellos a quienes consideraba casi una familia optaran por tomar el lado de Adrián le resultaba especialmente dolorosa, una herida que empeoraba su ya frágil estado emocional.

Al principio, intentó no darle importancia, convencido de que con el tiempo sus amigos comprenderían que la ruptura no se debía solo a él, que había sido una decisión difícil y dolorosa para ambos. Pero las señales de ese distanciamiento se volvieron innegables. Mensajes que antes recibía a diario dejaron de llegar, las invitaciones a reuniones o cenas comenzaron a disminuir, y las pocas veces que alguien se comunicaba con él, notaba un tono de incomodidad en las conversaciones. Sentía que cada mensaje llevaba una especie de subtexto, como si los demás ya no lo miraran igual, como si su dolor fuera una molestia o, peor aún, un fracaso que preferían no enfrentar.

Las noches, que alguna vez fueron para él una oportunidad de relajarse y disfrutar de la compañía de sus amigos, se convirtieron en una verdadera pesadilla. En los primeros meses tras la ruptura, Julián aún intentaba acudir a alguna reunión ocasional, aunque con cada vez menos frecuencia y siempre con un nudo en el estómago. Recordaba cómo las salidas nocturnas habían sido para él una forma de conectar, de sentirse parte de un grupo unido. Pero ahora, el simple acto de asistir a una cena o a una salida al bar era una tortura. Las miradas incómodas, las pausas en las conversaciones cada vez que él hablaba, el modo en que sus amigos se miraban entre sí cuando mencionaba su situación, todo parecía recordarle que ya no pertenecía a ese grupo de la misma forma.

En más de una ocasión, se encontró a sí mismo en medio de una conversación en la que uno de sus amigos, sin malicia, hacía algún comentario sobre lo bien que Adrián parecía estar después de la ruptura. "Adrián está empezando un proyecto increíble en su oficina nueva", le comentó uno de ellos una noche en la que Julián había aceptado salir después de semanas de aislamiento. Sintió cómo su estómago se encogía, y una punzada de dolor le recorrió el pecho. Todos parecían tener una historia de lo mucho que Adrián estaba prosperando, de los nuevos proyectos que emprendía, de lo bien que se veía, de cómo había retomado su vida sin problemas. Julián, en cambio, sentía que su mundo se había detenido en el momento en que Adrián salió por la puerta.

Aquellas salidas se volvieron una suerte de castigo autoimpuesto. Cada vez que intentaba acercarse a sus amigos, sentía que le estaban recordando, de una forma sutil pero hiriente, que él había quedado relegado, que Adrián había conseguido superar la ruptura con una gracia y determinación que a él le faltaban. Volvía a casa con una sensación de vacío y soledad aún más profunda, dándose cuenta de que las pocas personas que pensó que estarían a su lado le habían dado la espalda, tal vez sin siquiera darse cuenta.

Pronto, comenzó a evitar por completo cualquier tipo de contacto social. Ya no quería exponerse a esas noches donde su fracaso y su tristeza parecían ser los temas implícitos en cada mirada y en cada silencio. Prefería el aislamiento, por doloroso que fuera, a la humillación de escuchar sobre los éxitos de Adrián y la forma en que todos parecían admirarlo por haber seguido adelante. Sus amigos, al ver su constante evasión, dejaron de insistir. Para ellos, era más fácil aceptar que Julián estaba "pasando una mala etapa" y que necesitaba espacio, en lugar de intentar entender la magnitud del dolor que estaba experimentando.

La soledad se hizo cada vez más densa y palpable, y el círculo de personas con las que podía contar se fue reduciendo hasta desaparecer casi por completo. Se sentía invisible, como si su existencia se hubiera convertido en una sombra de la vida que alguna vez tuvo. Cada intento de volver a conectar terminaba en una decepción que lo hundía más en la depresión, en esa sensación de que ya no había un lugar para él en el mundo que había construido con tanto esfuerzo.

Los pocos amigos que no tomaron partido por Adrián intentaron acercarse tímidamente, pero él se cerraba cada vez más. Cuando recibía algún mensaje preguntándole cómo estaba, respondía con monosílabos o, directamente, dejaba los mensajes sin contestar. Sabía que su actitud estaba alejando a los pocos que intentaban apoyarle, pero en su mente, se había convencido de que nadie sería capaz de entender el abismo en el que estaba sumido. Sentía que explicar su dolor, exponer la profundidad de su soledad, solo serviría para ahondar más su vergüenza, para reafirmar que él había fracasado en todo lo que alguna vez le dio sentido a su vida.

Las noches se convirtieron en una rutina oscura y dolorosa. De regreso en el apartamento, solo con el eco de sus pensamientos, la tristeza y la amargura parecían tomar forma. Los recuerdos de Adrián, de sus amigos, de las promesas que alguna vez hicieron, regresaban en oleadas que lo dejaban exhausto. A menudo, se sentaba en el suelo de la sala, donde solían pasar horas hablando, y se quedaba allí, en el silencio más absoluto, sin hacer nada, sintiendo que su vida ya no tenía rumbo ni propósito. La depresión lo iba consumiendo, lo arrastraba hacia un lugar del que no veía salida, y cada día se convencía más de que ya no había nada ni nadie a quien le importara.

De no ser por Luna, Julián probablemente habría perdido la esperanza por completo. Ella era la única presencia constante en su vida, la única que no lo juzgaba, que no le recordaba la pérdida ni le exigía nada. En sus momentos más oscuros, cuando el dolor se volvía insoportable, Luna se acercaba a él, como si entendiera que él necesitaba apoyo. La calidez de su cuerpo, la suavidad de su respiración, y la forma en que apoyaba su cabeza en su regazo eran lo único que lo anclaba a la realidad. Luna no necesitaba palabras, ni explicaciones, ni disculpas. Su sola presencia le recordaba que, a pesar de todo, no estaba completamente solo.

Julián encontró en Luna una razón para resistir, una pequeña chispa de esperanza que le recordaba que, aunque el mundo lo hubiera abandonado, ella seguía allí, fiel y leal, dándole fuerzas para enfrentarse a otro día.

Luna, su Faro en la Oscuridad

En medio de la oscuridad que envolvía su vida, Luna se convirtió en el faro que mantenía a Julián a flote. Con cada día que pasaba, su relación con ella se profundizaba de una manera que nunca había experimentado. Luna no era solo una mascota; era su confidente silenciosa, el único ser que le ofrecía una compañía desinteresada y pura. En esos momentos de soledad absoluta, cuando el peso de la depresión se hacía insoportable, la presencia de Luna era lo único que lograba romper esa sensación de vacío.

Cada mañana, Julián se obligaba a levantarse solo por ella. Sabía que Luna dependía de sus cuidados y de su amor, y esa responsabilidad, lejos de ser una carga, era lo único que lo motivaba. Mientras preparaba su comida con esmero, la miraba con una ternura infinita. A veces le hablaba en voz baja, contándole sus miedos y su tristeza, compartiendo sus pensamientos sin miedo a ser juzgado. Luna lo observaba con esos ojos grandes y tranquilos, como si entendiera cada palabra. Julián encontraba un consuelo inexplicable en esa conexión silenciosa, en la certeza de que, aunque el mundo le hubiera dado la espalda, ella permanecía a su lado, fiel e incondicional.

Por las noches, cuando la tristeza se volvía más densa, salían a caminar juntos. Julián solía pasear por calles tranquilas y poco transitadas, donde el murmullo de la ciudad se desvanecía y el silencio se volvía casi sagrado.

Mientras caminaban bajo la luz tenue de las farolas, sentía que el dolor disminuía ligeramente, como si la calma de Luna lograra aliviar su tormento interno. Observaba cómo ella caminaba a su lado, tranquila y serena, sin perderlo de vista ni un instante. En esos paseos nocturnos, Julián encontraba un respiro, una paz momentánea que solo la compañía de Luna podía ofrecerle. Era en esos momentos cuando se daba cuenta de que, aunque se sentía roto y abandonado, aún quedaba una chispa de esperanza en su vida.

De vuelta en el apartamento, Luna se acurrucaba a su lado, y esa proximidad le proporcionaba un alivio que no lograba encontrar en nada más. Había noches en las que Julián se despertaba sobresaltado, con el pecho oprimido y los recuerdos dolorosos invadiendo su mente. En esos momentos, al sentir la presencia de Luna junto a él, se calmaba poco a poco. A veces se quedaba despierto, acariciando su pelaje suave y cálido, sintiendo cómo su respiración pausada le devolvía la serenidad. Luna, sin hacer nada, le ofrecía una seguridad y un consuelo que nadie más había podido darle desde la ruptura con Adrián.

Con el tiempo, Julián comprendió que Luna era más que su compañera; se había convertido en su razón de ser. En los días en que el dolor se volvía insoportable y la desesperanza lo hundía, pensar en ella era suficiente para encontrar un propósito. Sabía que, por muy abrumadora que fuera la tristeza, tenía la responsabilidad de cuidarla, de darle el amor y la protección que ella siempre le había ofrecido a él. Aunque había perdido la ilusión y las metas que alguna vez tuvo, cuidar de Luna le proporcionaba un sentido de propósito que le daba la fuerza para seguir adelante, aunque fuera un día más.

Reflexionaba a menudo sobre lo que significaba tener a Luna en su vida, sobre la lección de amor incondicional que ella le enseñaba cada día. A diferencia de las personas que lo habían abandonado, Luna estaba allí, sin condiciones ni expectativas. En ella, Julián encontraba una pureza que le recordaba que aún quedaba algo bueno en el mundo, algo por lo cual luchar. Aunque su vida parecía desmoronarse a su alrededor, el amor que sentía por ella se mantenía intacto, y esa certeza, por mínima que fuera, lo mantenía en pie.

A lo largo de esos meses oscuros, Luna se convirtió en el pilar que lo sostenía, la brújula que le indicaba el camino de regreso a sí mismo. En su compañía, Julián descubrió una fuerza interior que no sabía que poseía, una capacidad de amar y de resistir que le permitió, poco a poco, empezar a sanar.

La Elección de la Calle

El Desmoronamiento Económico

La vida de Julián, que alguna vez había sido estable y organizada, comenzó a desmoronarse lentamente, como un edificio que se agrieta hasta el punto de colapsar. La depresión y el dolor emocional tras su ruptura con Adrián lo dejaron tan desgastado que mantener el mismo nivel de compromiso en la clínica se volvió imposible. Al principio, intentaba forzarse a cumplir con sus horarios y responsabilidades, pero a medida que pasaban las semanas, el cansancio mental y físico le pasaban factura. Julián se despertaba cada día sintiendo que cargar su propio cuerpo era ya un esfuerzo descomunal, como si cada movimiento exigiera una energía que no tenía.

A menudo llegaba tarde a la clínica, con los ojos enrojecidos y el aspecto desaliñado, y eso no pasaba desapercibido para sus compañeros. Antes de la ruptura, había sido un profesional impecable, siempre puntual, atento a los detalles y con una actitud positiva y cálida hacia sus colegas y pacientes. Pero ahora, a medida que su vida se sumía en el caos, empezaba a cometer errores que no eran propios de él. Olvidaba detalles importantes en los historiales médicos, confundía dosis y, en más de una ocasión, estuvo a punto de cometer errores graves en los tratamientos de los animales que cuidaba. Cada error, aunque a menudo corregido por sus compañeros, era como un golpe directo a su confianza, hundiéndolo aún más en un pozo de desesperación.

A medida que sus problemas personales se volvían más evidentes, la relación con sus colegas comenzó a cambiar. Las conversaciones con ellos se hacían cada vez más cortas y llenas de silencios incómodos, y aunque algunos intentaban acercarse para ofrecerle ayuda, él los apartaba, atrapado en un aislamiento autoimpuesto que no sabía cómo romper. La tristeza y la culpa de no poder ser el veterinario que alguna vez fue lo perseguían a diario, y el miedo de que algún error le costara el bienestar de un paciente lo llenaba de ansiedad. La clínica, que alguna vez había sido su santuario y su fuente de satisfacción personal, se convirtió en una carga pesada que solo servía para recordarle cuánto había perdido.

El dinero, que en el pasado siempre había manejado con responsabilidad, empezó a agotarse rápidamente. Cada mes era un nuevo desafío para cubrir los gastos, y con cada factura que llegaba, sentía que el suelo bajo sus pies se hacía más inestable. A menudo se sentaba en la mesa de su apartamento, rodeado de facturas impagadas, con el ceño fruncido y las manos temblorosas mientras trataba de encontrar una solución que parecía cada vez más imposible. Cada vez que tomaba una calculadora o revisaba su cuenta bancaria, la cifra decreciente le recordaba la velocidad con la que su vida estaba derrumbándose.

Julián no tardó en darse cuenta de que no sería capaz de seguir pagando el alquiler. Esa realidad le cayó encima como una losa, y durante días intentó encontrar una salida, buscando trabajos temporales o pidiendo turnos adicionales en la clínica, aunque sabía que su estado emocional y físico apenas le permitía cumplir con su jornada regular. Las noches se volvieron largas y agonizantes; a menudo se quedaba despierto hasta la madrugada, luchando con pensamientos de desesperanza mientras miraba las paredes de su apartamento, que pronto tendría que abandonar. Cada rincón de ese lugar estaba lleno de recuerdos, de momentos felices que ahora parecían fantasmas que lo atormentaban. La idea de perder su hogar, el único espacio que alguna vez había sido suyo y de Adrián, lo llenaba de un dolor desgarrador.

A medida que su situación empeoraba, Julián tomó una decisión que parecía inevitable: usaría lo poco que le quedaba para asegurar el bienestar de Luna. A pesar de su propio sufrimiento, sentía una responsabilidad inmensa hacia ella, una necesidad de protegerla que superaba cualquier otro impulso. Luna había sido su apoyo incondicional, el único ser que nunca lo había juzgado ni abandonado, y aunque él no podía ofrecerle más que compañía y cariño, estaba decidido a hacer lo necesario para que ella estuviera segura y bien cuidada.

Con los últimos ahorros que le quedaban, empezó a comprar alimentos y suplementos para Luna, asegurándose de que ella no sufriera las privaciones que él mismo empezaba a enfrentar. Los sacrificios eran cada vez mayores, y Julián se saltaba comidas o dejaba de comprar ropa o productos básicos para poder cubrir sus necesidades. Sabía que pronto no le quedaría nada, pero, de alguna manera, esa decisión de priorizar a Luna le daba una extraña paz. En un mundo que se le desmoronaba, cuidar de ella le ofrecía una razón para seguir adelante, aunque el futuro se presentara cada vez más oscuro.

Los días se sucedían sin esperanza, y la inminencia de quedarse sin un lugar donde vivir se volvió una sombra que lo perseguía sin tregua. La estabilidad económica que alguna vez dio por sentada, la vida cómoda que había construido con esfuerzo se había desvanecido en cuestión de meses. Julián reflexionaba, amargamente, sobre lo frágil que era todo, sobre cómo, con un solo golpe emocional, su mundo entero había quedado reducido a escombros. Lo que alguna vez había sido una vida estable y llena de propósito ahora parecía un sueño lejano, algo que apenas podía recordar con claridad.

Esa noche, mientras empaquetaba las pocas pertenencias que podría llevar consigo, se sentó en el suelo, agotado. Luna, su compañera constante, se acercó a él, y Julián apoyó su cabeza en el suave pelaje de su amiga, permitiéndose por primera vez derrumbarse del todo. Entre lágrimas silenciosas, comprendió que, a pesar de haberlo perdido todo, aún quedaba algo que el destino no le había arrebatado: la lealtad y el amor incondicional de Luna.

Sentado en el suelo de su apartamento, rodeado de cajas medio llenas y bolsas desordenadas, Julián miraba en silencio sus pocas pertenencias. La realidad de su situación se hacía cada vez más insoportable, y el peso de la incertidumbre lo aplastaba. A su alrededor, cada objeto parecía contar una historia, un recordatorio doloroso de la vida que alguna vez tuvo. Cada esquina del apartamento guardaba recuerdos de tiempos más felices, de momentos en los que pensó que todo estaba en su lugar y que el futuro era una página en blanco llena de posibilidades. Ahora, sin embargo, sentía que estaba al borde de un abismo, mirando hacia la nada, sin saber cómo dar el siguiente paso.

Durante días, el pensamiento de quedarse sin hogar lo había atormentado. ¿Qué haría cuando tuviera que dejar el apartamento? ¿Adónde iría? Al principio, trató de convencerse de que quizás podría pedir ayuda a su familia o a alguno de sus amigos. Recordaba las conversaciones con su madre, siempre preocupada por él, siempre dispuesta a aconsejarle que tomara decisiones "razonables". También pensó en sus hermanos, a quienes veía de vez en cuando y quienes, aunque no compartían su estilo de vida, siempre habían mostrado un respeto distante hacia sus elecciones. Sin embargo, una parte de él se resistía a esa idea. Sabía que su familia, aunque bien intencionada, no podía comprender el vínculo que él tenía con Luna. Para ellos, probablemente, su situación era una simple consecuencia de decisiones equivocadas, un giro desafortunado que él mismo había provocado.

La idea de enfrentar las preguntas de su familia y las miradas de sus hermanos le producía un nudo en el estómago. Sabía que, aunque le ayudarían, lo harían con una mezcla de juicio y lástima que él no podría soportar. Se imaginaba a su madre insistiendo en que dejara a Luna en un refugio, que aceptara la ayuda solo para él y que tomara decisiones "lógicas" y "prácticas" en lugar de aferrarse a lo que ella consideraría un obstáculo. Sabía que intentarían, quizás de forma indirecta, convencerlo de que Luna era un lastre del que debía deshacerse para recuperar su vida. Solo el pensamiento de traicionar esa confianza que Luna le tenía le provocaba una angustia insoportable.

También pensó en sus amigos. Algunos aún le escribían de vez en cuando, preocupándose por su bienestar, intentando que él abriera la puerta de nuevo a su vida social. Julián se sentía tentado a pedir ayuda, pero sabía que esos amigos, en el fondo, no lo comprendían. La mayoría había mostrado, tras la ruptura con Adrián, una lealtad dividida que lo dejó sintiéndose aún más aislado. No podía ignorar que varios de sus amigos aún hablaban con Adrián, compartían momentos y escuchaban sus historias. Esa dualidad en la amistad, esa sensación de que en cualquier momento alguien podría llevarse un fragmento de su vida a la de su expareja, lo hacía sentir expuesto y vulnerable. En su mente, la idea de recurrir a ellos se desvanecía rápidamente. ¿Cómo podría confiar en quienes no le ofrecían un apoyo incondicional?

Con cada día que pasaba, su situación financiera se volvía más apremiante, y Julián se dio cuenta de que debía enfrentar la verdad de su situación: estaba solo. Excepto por Luna, no había nadie en quien realmente pudiera confiar, nadie que comprendiera la magnitud de su vínculo con ella. Para los demás, Luna probablemente no era más que una mascota, una compañía opcional que debía sacrificar por su propio bienestar. Pero para Julián, Luna era su familia, su única ancla, la única conexión que le quedaba con una parte de sí mismo que aún tenía fuerzas para resistir. Ella le ofrecía una lealtad y una aceptación que ninguna otra persona podía darle, y él no estaba dispuesto a abandonarla, no cuando ella le había dado todo su amor sin pedir nada a cambio.

El día en que finalmente aceptó que no tenía otra opción fue uno de los momentos más dolorosos de su vida. Sentado en el suelo, con las facturas apiladas frente a él, y el eco de su propia respiración en la habitación vacía, se permitió por primera vez llorar en silencio, en la penumbra del anochecer. La tristeza que lo invadía era insoportable, pero junto a esa tristeza, una especie de resignación comenzó a instalarse en él. No había nadie más; solo él y Luna. Era una certeza dolorosa, pero también liberadora. A pesar de la incomodidad de vivir en la calle, de la inseguridad y del frío, sabía que ella estaría a su lado, y que juntos enfrentarían lo que viniera.

A lo largo de los días siguientes, Julián se dedicó a prepararse mentalmente para esa transición. Se informaba sobre cómo funcionaban los refugios y los albergues, sabiendo que la mayoría de ellos no permitían mascotas, algo que terminaría por convertirlos en opciones invivibles para él. Aunque los trabajadores de estos lugares intentaron convencerlo de que podía dejar a Luna en un refugio temporal mientras él conseguía estabilizarse, Julián rechazaba esas opciones sin dudarlo. La sola idea de abandonar a Luna, de verla enjaulada en un lugar frío y desconocido, rodeada de extraños, le revolvía el estómago.

Con cada visita infructuosa a los centros de ayuda, Julián sentía cómo su mundo se hacía más pequeño, empujándolo hacia esa única opción: la calle. Empezó a investigar lugares donde podrían estar seguros, espacios públicos donde pasar la noche, opciones para conseguir comida y formas de cuidar de Luna en un entorno tan hostil. Su mente intentaba calcular cada paso, cada detalle que pudiera ofrecerle a ella una vida digna en medio de la precariedad. Luna, como si entendiera la importancia de estos días, permanecía siempre a su lado, mirándolo con esos ojos tranquilos que le recordaban que, pase lo que pase, él aún tenía algo valioso en la vida.

La noche en que finalmente dejó el apartamento fue una mezcla de dolor y determinación. Mientras cerraba la puerta por última vez, sintió que una parte de él quedaba atrapada en ese espacio vacío, en esos recuerdos felices y en el eco de una vida que ya no existía. Con una mochila en la espalda y una manta para Luna, salió a la calle, sabiendo que esa era su única opción, pero también convencido de que su decisión era la correcta. Para cualquier otra persona, podría parecer una locura, una decisión irracional. Pero para Julián, era un acto de amor, una declaración de fidelidad hacia el único ser que no lo había abandonado.

Mientras caminaban por las calles desiertas esa primera noche, con el sonido de sus propios pasos resonando en el silencio, Julián comprendió que su vida había cambiado para siempre. No tendría la comodidad de un hogar ni la seguridad de un techo, pero tendría a Luna, y esa certeza, en medio de la incertidumbre, era su único consuelo.

La Negativa de los Refugios

La noche era fría y húmeda, y el cielo sobre la ciudad parecía tan gris y sin vida como Julián se sentía por dentro. Caminaba sin rumbo fijo, con Luna a su lado, mientras el cansancio y el desánimo se apoderaban de cada paso que daba. Había dejado su apartamento pocas horas antes, y ya sentía el peso de la incertidumbre y el miedo aplastándole el pecho. La primera parada fue un refugio al que le habían recomendado ir, uno de los centros de asistencia que a menudo ayudaba a personas en situaciones de emergencia. Julián entró con la esperanza de encontrar allí un lugar donde ambos pudieran pasar la noche, aunque solo fuera un descanso temporal en medio de su agotamiento.

Al entrar, el olor fuerte y desinfectado del lugar y las miradas de las personas que lo rodeaban le hicieron sentir fuera de lugar, pero intentó mantener la calma mientras explicaba su situación a una trabajadora social, una mujer de rostro amable que lo escuchaba con atención. Julián le habló de su vida reciente, de cómo había perdido el trabajo, el apartamento, y de cómo, ahora, su única familia era Luna. Cuando mencionó a su perra, notó un cambio sutil en la expresión de la trabajadora; su simpatía inicial se transformó en una preocupación profesional.

"Lo siento, Julián, pero no aceptamos mascotas aquí," le dijo con voz tranquila, aunque notó que intentaba sonar comprensiva. "Entiendo que Luna es importante para ti, pero aquí la prioridad es que tú tengas un lugar seguro donde dormir. Quizás podrías considerar dejarla en algún refugio para animales de forma temporal... al menos hasta que puedas estabilizarte."

Julián sintió como si le clavaran una aguja en el pecho. La idea de dejar a Luna en un refugio le parecía inconcebible, una traición a la lealtad inquebrantable que ella siempre le había mostrado. Sabía que, para ella, él era todo lo que tenía, el único ser en el que confiaba completamente. ¿Cómo podría abandonarla en un sitio extraño, rodeada de ruidos y de otros animales, en un ambiente que solo serviría para confundirla y asustarla? La sola idea le hacía apretar los puños.

Intentó explicar su situación, hablar de la importancia que Luna tenía para él, de cómo ella era su apoyo emocional, su única familia. La trabajadora social lo escuchaba con atención, pero su expresión mostraba una mezcla de empatía y profesionalismo distante. Cuando terminó de hablar, ella le repitió con suavidad, pero firmeza que la política del refugio era estricta y que no podían hacer excepciones.

Al salir del refugio, el frío se sentía aún más intenso. Julián miró a Luna, que caminaba pegada a él, sus pasos sincronizados como si comprendiera que su dueño estaba cargando una tristeza que no podía expresar con palabras.

Intentó otro centro de asistencia, en un barrio a unas calles de allí, pensando que, quizás, encontraría alguna flexibilidad. Cada centro tenía normas y condiciones, y él quería pensar que, con algo de suerte, habría uno dispuesto a aceptar a Luna también. Sin embargo, la historia fue la misma en cada lugar al que acudió: las políticas prohibían la entrada de mascotas, y todos los trabajadores sociales parecían repetir el mismo discurso, pidiéndole que pensara en su propio bienestar y priorizara sus necesidades.

"Sé que es difícil", le dijo un hombre mayor, uno de los encargados de otro refugio al que Julián recurrió desesperado. "Pero necesitas un lugar para descansar, para recuperarte. Piensa en ti primero. Tal vez puedas dejarla con alguien temporalmente... o en un albergue para animales, hasta que puedas encontrar un sitio donde acepten mascotas. No sería para siempre, Julián, solo mientras te recuperas."

Pero Julián sabía que no podía aceptar esa oferta. Los refugios para animales no garantizaban que pudiera volver a recoger a Luna cuando él quisiera; los animales a menudo eran adoptados si alguien mostraba interés, y aunque los trabajadores intentaban tranquilizarlo, asegurándole que sería temporal, él no podía confiar en esas promesas. ¿Cómo podía saber que no perdería a Luna? La perra, que lo miraba con esos ojos oscuros y llenos de confianza, no comprendía las conversaciones ni las ofertas que recibía; lo único que entendía era que él estaba allí, que estaban juntos, y para ella, eso era suficiente.

A medida que recorría esos lugares y se encontraba con puertas cerradas una y otra vez, la frustración y la tristeza lo invadían. Sentía una soledad inmensa, como si el mundo entero estuviera estructurado de tal forma que su vínculo con Luna fuera algo absurdo, algo sin valor. Cada vez que le hablaban de "priorizarse a sí mismo", Julián sentía que no lo entendían. ¿Qué significaba priorizarse si eso implicaba abandonar a la única ser que nunca lo había dejado, que lo había acompañado en sus momentos de mayor vulnerabilidad? Para él, la idea de dejar a Luna era un acto de egoísmo que jamás podría justificar.

Sentado en un banco de un parque al amanecer, Julián observaba a la gente que comenzaba a llenar las calles. A su alrededor, el mundo parecía indiferente, ajeno a su situación y al dilema que lo atormentaba. Veía cómo personas paseaban a sus perros, entraban y salían de las tiendas, y sintió una profunda desconexión con la realidad que lo rodeaba. Era como si, de repente, hubiera sido arrancado del tejido de la sociedad, y todo lo que él valoraba —la lealtad, la conexión, el amor incondicional hacia Luna— fueran cosas que los demás no podían ni querían entender.

Mientras acariciaba el pelaje de Luna, pensó en lo absurdo que era que en un mundo tan avanzado no hubiera espacio para aquellos que querían preservar sus lazos afectivos con los animales. Sentía que la sociedad, con sus políticas y sus normas rígidas, estaba diseñada para separar, para poner condiciones al amor y a la lealtad, y eso lo llenaba de una tristeza insondable. Se sentía incomprendido, aislado no solo por su situación, sino por su decisión de no abandonar a Luna. La fidelidad hacia su compañera, lejos de ser valorada, parecía ser vista como una necedad, una obstinación irracional.

Esa noche, después de recorrer los refugios y recibir la misma respuesta en cada uno, Julián comprendió que su elección estaba hecha. No era algo que pudiera negociar, ni siquiera con la promesa de un techo. Elegía la incertidumbre y la calle, si eso significaba seguir teniendo a Luna a su lado. Sin ella, el mundo se le antojaba aún más vacío e incomprensible. Ella era el único ser que lo aceptaba sin preguntas, que no lo juzgaba ni le exigía explicaciones. En sus ojos, Julián veía un amor tan puro que no podía traicionarlo.

Miró a Luna, que descansaba a su lado, y comprendió que, aunque las noches fueran frías y las calles hostiles, al menos estarían juntos.

La Decisión de Vivir en la Calle

La noche caía lentamente sobre la ciudad, y con el último rayo de sol desapareció también cualquier esperanza de encontrar un refugio donde pudieran aceptar a Luna. Julián se había resignado a la realidad de su situación. Había agotado todas las opciones posibles, todos los centros de ayuda, y sabía que a partir de ese momento la calle sería su único hogar. Sentía miedo, un miedo profundo que se mezclaba con una extraña calma. Había tomado la decisión, y aunque sabía que sería difícil, también sentía que estaba haciendo lo correcto. Luna, su única compañera fiel, no merecía ser abandonada, y él no podría perdonarse si lo hiciera.

Con pasos lentos y firmes, Julián y Luna comenzaron a recorrer las calles de la ciudad en busca de un lugar donde pudieran pasar la noche. La ciudad, que alguna vez había sido un espacio familiar y acogedor, ahora le parecía hostil e impredecible. Cada rincón, cada parque y cada callejón tenía un aire de inseguridad que nunca había notado. Pasaron junto a una pequeña plaza y luego se dirigieron a un parque algo apartado, donde, al menos, no serían molestados por el tráfico y el bullicio de la vida nocturna. La primera noche fue especialmente dura. No había encontrado un sitio lo suficientemente seguro ni cómodo para ambos, y apenas lograba conciliar el sueño, manteniéndose alerta a cualquier ruido. Luna, sin embargo, parecía aceptar la situación con una tranquilidad que Julián envidiaba.

A pesar del miedo, cada vez que miraba a Luna y notaba su calma, sentía que le daba fuerzas para seguir adelante. Ella, tan vulnerable en apariencia, se adaptaba a la vida en la calle con una dignidad que lo asombraba. Se acurrucaba a su lado, apoyaba su cabeza en su regazo, y simplemente cerraba los ojos, confiando plenamente en que él estaría allí para protegerla. Esa confianza absoluta le recordaba que, aunque el mundo les hubiera cerrado las puertas, aún tenían algo invaluable: el uno al otro.

Las primeras noches fueron una mezcla de frío, incomodidad y pensamientos oscuros. Julián luchaba con la angustia y la tristeza, pero cada vez que Luna lo miraba o apoyaba su hocico en sus manos, algo en su interior se calmaba. Sabía que estaba tomando la decisión correcta, y esa certeza, aunque pequeña, le daba el valor necesario para enfrentar lo que viniera. La vida en la calle era dura, y adaptarse a ella sería un proceso largo y doloroso, pero Luna era su ancla, la razón por la que no podía permitirse rendirse.

A medida que pasaban los días, Julián comenzó a improvisar una rutina en medio de la incertidumbre. Se levantaba temprano, incluso antes de que el sol saliera, para buscar algún lugar donde ambos pudieran asearse y conseguir algo de comida. Con lo poco que tenía, compraba comida para Luna, asegurándose de que ella estuviera bien alimentada. Sacrificaba su propia comida si era necesario, convencido de que mientras ella estuviera bien, él podría soportar el hambre. Durante el día, recorrían las calles, buscando sitios tranquilos donde pasar las horas sin llamar la atención. Había aprendido a evitar las zonas donde los demás sin hogar se reunían, pues había escuchado historias de conflictos y situaciones peligrosas.

La relación entre Julián y Luna se hizo más fuerte y profunda en esos días de supervivencia. Cada vez que se sentaban juntos en algún banco de un parque o en las escaleras de algún edificio abandonado, compartían una conexión que iba más allá de las palabras. Julián la observaba, notando cómo se mantenía alerta y serena a su lado, y sentía que, aunque él era quien intentaba cuidarla, en muchos sentidos era ella quien lo cuidaba a él. Luna le brindaba una estabilidad emocional que nadie más podría ofrecerle; su presencia le recordaba que no estaba completamente solo, que aún tenía una razón para resistir, por muy dura que fuera la vida en la calle.

La rutina que crearon juntos les permitió encontrar una cierta normalidad en medio de la precariedad. Julián se encargaba de que Luna estuviera limpia y segura, lavaba su plato en fuentes públicas y conseguía mantas viejas en centros de caridad para que ella estuviera lo más cómoda posible. Los paseos nocturnos se convirtieron en un ritual, una forma de despejar su mente y disfrutar de la calma que traía la noche. Cada paseo era una oportunidad para reflexionar, para dejar que el silencio le diera la paz que necesitaba para soportar la incertidumbre del día siguiente.

La nueva vida de Julián estaba llena de dificultades, de pequeñas victorias y derrotas diarias. Pero había algo que lo sostenía, algo que le recordaba que no todo estaba perdido. Luna era su compañía constante, su consuelo y su fuerza. A pesar de que la sociedad los había marginado, de que el mundo parecía haberse olvidado de ellos, su lealtad mutua se convertía en una fuente de resistencia. Mientras ella estuviera a su lado, mientras esos ojos llenos de confianza lo miraran cada día, Julián sabía que podría soportar cualquier adversidad.

Los Juicios de la Sociedad

Con cada día que pasaba en la calle, Julián se daba cuenta de que su presencia con Luna despertaba no solo indiferencia, sino a menudo desprecio. En la ciudad, la mayoría de las personas apenas le prestaban atención o le dedicaban una mirada fugaz cargada de desaprobación. Otros, en cambio, parecían molestos, como si su simple presencia en la calle junto a su perra fuera una ofensa. Julián comenzó a percibir un patrón en las miradas que recibía: a veces era un asomo de lástima, otras, de curiosidad incómoda, pero en muchos casos era un juicio abierto, un gesto de desaprobación que lo hacía sentir pequeño e invisible a la vez.

Uno de esos encuentros ocurrió una mañana fría, cuando Julián estaba sentado en un banco de una plaza, esperando que Luna terminara de comer las croquetas que había podido conseguir el día anterior. Una mujer de aspecto elegante pasó cerca de ellos, mirándolo con el ceño fruncido antes de susurrar a su acompañante: "¿Por qué tendrá un perro si no tiene ni dónde vivir?" Julián escuchó el comentario y sintió que algo en su pecho se contraía. Apretó los puños, agachó la cabeza y fingió no haber oído, pero el comentario resonaba en su mente, alimentando una mezcla de tristeza y rabia.

Cada día, encontraba miradas como esas, y aunque intentaba ignorarlas, cada una de ellas dejaba una pequeña cicatriz en su dignidad. Cuando las personas lo veían con Luna, parecía que no comprendían, ni querían comprender, la importancia de su vínculo con ella. Para ellos, Luna no era más que una carga innecesaria, un error de juicio que él debía corregir para "enderezar su vida". Julián entendía que la sociedad tenía su propio concepto de cómo debía comportarse alguien en su situación, y él, con su lealtad inquebrantable hacia Luna, desafiaba esa visión. Pero saberlo no hacía que fuera más fácil.

Había noches en las que se refugiaba bajo un puente o en la entrada de algún edificio, y mientras trataba de dormir, escuchaba a personas murmurar cerca de él, comentando que su situación era "lamentable" o que "la gente así no debería estar en las calles". Julián intentaba respirar profundamente, mantener la calma y recordar que aquellas personas no sabían nada de su historia, que lo juzgaban sin conocer los sacrificios y las decisiones que había tomado para proteger a Luna. Pero, por más que intentara convencerse de ello, los comentarios dejaban una huella dolorosa, recordándole cuán lejos se sentía de aquel mundo que alguna vez fue suyo.

Una tarde, mientras estaba sentado en las escaleras de un edificio junto a Luna, un hombre pasó y se detuvo a mirarlos con una expresión de desdén. "Si no puedes cuidar de ti mismo, ¿qué haces con un perro? Es egoísta", le dijo el hombre antes de marcharse sin esperar respuesta. Julián se quedó en silencio, sintiendo cómo sus mejillas se calentaban, pero su indignación no encontraba salida. Estaba atrapado en un mundo donde nadie se molestaba en entenderlo, donde su elección de permanecer con Luna era vista como un acto de irresponsabilidad y obstinación.

En sus momentos de reflexión, Julián pensaba en cómo la sociedad trataba a las personas sin hogar como si fueran invisibles o como si no fueran dignas de compasión. La marginalización que experimentaba le hacía darse cuenta de que, para la mayoría de la gente, alguien en su situación había "caído" y no merecía un lugar en la comunidad. Ahora él, que había tenido un hogar, una carrera y una vida estable, era visto como un "otro", alguien a quien la sociedad había decidido ignorar y despreciar. Se dio cuenta de que, en los ojos de los demás, no era más que una sombra, alguien que no importaba.

A pesar de los juicios y el dolor que estos le provocaban, Julián se esforzaba por mantenerse firme, aferrándose a la dignidad que aún le quedaba. Cada vez que alguien lo miraba con desprecio o hacía un comentario hiriente, él simplemente levantaba la cabeza, tratando de recordar que no le debían nada, y que él no debía nada a nadie más que a Luna. La sociedad podía juzgarlo y condenarlo, pero mientras Luna estuviera a su lado, él sabía que estaba haciendo lo correcto. En esos momentos de juicio, Luna siempre parecía notar su incomodidad, y se acurrucaba aún más cerca de él, como si intentara consolarlo y recordarle que, a pesar de todo, él no estaba solo.

Luna, en su silenciosa lealtad, se convirtió en su ancla emocional, ayudándolo a resistir cada comentario hiriente y cada mirada cargada de desprecio. Mientras ella estuviera allí, Julián sabía que aún tenía una razón para seguir adelante. En medio de los juicios de la sociedad y del dolor que estos le provocaban, la conexión que compartía con Luna era su refugio, su única certeza, la prueba de que, aunque el mundo no los entendiera, su elección no era en vano.

Mantenerse Aseado y Presentable

La vida en la calle no había quebrado el sentido de dignidad de Julián, y desde el primer día, hizo de la limpieza personal una prioridad. Sabía que la sociedad ya lo juzgaba por su situación, pero se negaba a dejarse definir por las circunstancias. Cada mañana, antes de empezar el día, se esforzaba por encontrar baños públicos o lugares discretos donde pudiera asearse y cambiarse de ropa. En plazas y estaciones de autobús había descubierto algunos lugares que, aunque modestos, le permitían lavar su cara, sus manos y refrescarse un poco. Llevaba consigo una pequeña bolsa de artículos de aseo: un jabón de manos, un peine y una toalla delgada, lo mínimo indispensable para sentirse, al menos, presentable.

Cada vez que encontraba un espacio seguro donde asearse, Julián sentía un alivio especial, una paz que le recordaba que aún había cosas bajo su control. El simple acto de lavarse la cara o peinarse se había convertido en un ritual de resistencia, una forma de decirse a sí mismo que, a pesar de todo, seguía siendo él, seguía teniendo algo de control sobre su vida. Se lavaba las manos con esmero, mirando su reflejo en los espejos empañados de los baños públicos y esforzándose por ver al hombre que era antes, no al que la sociedad parecía ver en él ahora.

La limpieza no era solo para él; también cuidaba de Luna con la misma dedicación. Cada pocos días, buscaba fuentes en parques o pequeñas áreas donde pudiera limpiar a su perra, cepillarla y asegurarse de que estuviera bien. Con una toalla desgastada, secaba su pelaje tras lavarla, y le daba un pequeño masaje mientras murmuraba palabras cariñosas. Para Julián, mantener a Luna limpia y saludable no era solo un acto de cuidado, sino también una forma de demostrar su amor y compromiso hacia ella. Era su manera de recordarle a Luna que, a pesar de todo, él siempre estaría allí para cuidarla, sin importar la precariedad de su situación.

En más de una ocasión, Julián notó cómo la gente se detenía a observarlo mientras aseaba a Luna en alguna plaza o parque. A veces, esas miradas le producían una mezcla de vergüenza e incomodidad, pero otras veces, esas mismas miradas le inspiraban a seguir adelante. Sabía que muchas personas veían a los que vivían en la calle como si hubieran perdido toda dignidad, como si el hecho de no tener un hogar significara también la pérdida de todo respeto propio. Pero Julián se esforzaba en demostrar lo contrario: su apariencia limpia y su cuidado hacia Luna eran una prueba de que aún tenía algo de control, que aún era capaz de mantener su esencia.

Esos pequeños actos cotidianos le devolvían algo de esperanza. Al mirarse en los espejos de los baños públicos, notaba cómo, a pesar de las adversidades, seguía siendo él mismo. No permitía que la suciedad y el descuido se apoderaran de él, porque sabía que, si lo hacía, estaría cediendo al prejuicio y a las expectativas de quienes creían que la calle se había llevado su dignidad. Para él, seguir aseado era más que una cuestión de apariencia; era una reafirmación de su identidad, un recordatorio de que, aunque el mundo intentara verlo como alguien que había "caído", él aún era el mismo hombre que amaba a Luna y que creía en la lealtad y en el respeto propio.

Cada vez que terminaba de asearse o de cuidar de Luna, sentía una calma que lo ayudaba a enfrentar las dificultades del día. Estos momentos le recordaban que no todo estaba perdido, que aún quedaba algo de él que podía proteger y cuidar.

Luna como su Única Familia

Con el paso de los días, Julián empezó a comprender que, en medio de la soledad y el aislamiento que sentía, Luna era su única familia. Recordaba, a veces con dolor, las épocas en las que su vida estaba llena de rostros conocidos, de amigos y de personas con quienes compartía conversaciones y risas. Su antiguo círculo social, su trabajo y su hogar habían desaparecido de manera abrupta, dejándolo completamente solo. Sin embargo, en esa ausencia, en esa soledad que lo rodeaba como una sombra persistente, se dio cuenta de que Luna no era solo una compañía, sino el lazo más profundo y sincero que le quedaba. Ella, con su lealtad silenciosa y su presencia constante, se había convertido en su única certeza, la prueba de que, aunque todo a su alrededor hubiera cambiado, aún quedaba alguien que lo amaba sin condiciones.

Las noches eran especialmente duras. Mientras se acurrucaban en algún rincón seguro de la ciudad, Julián sentía el peso de la oscuridad y del frío, pero tener a Luna a su lado lo reconfortaba de una manera que nunca habría imaginado. La abrazaba con suavidad, sintiendo el calor de su cuerpo, y en esos momentos encontraba una paz que nada más podía ofrecerle. Le hablaba en voz baja, contándole sus miedos, sus pensamientos y sus recuerdos, como si ella fuera la única persona en el mundo que podía entenderle. A veces, Luna lo miraba con sus grandes ojos tranquilos, y Julián sentía que ella comprendía todo lo que él no podía expresar. Era un consuelo indescriptible, un recordatorio de que, aunque el mundo lo hubiera dejado atrás, él no estaba completamente solo.

Los recuerdos de su antigua vida lo asaltaban en los momentos de mayor quietud, llenándolo de nostalgia y tristeza. Recordaba su hogar, sus rutinas, las mañanas en las que se despertaba en una cama cálida, los desayunos que preparaba en su pequeña cocina. Recordaba los rostros de sus amigos, sus risas y sus conversaciones, y a veces se preguntaba cómo había terminado tan alejado de todo aquello. Pero, en esos momentos de reflexión, Luna parecía acercarse a él, como si percibiera el dolor en su interior. Sentía su hocico en la mano, su cabeza apoyada en su regazo, y en ese contacto encontraba una especie de bálsamo que le ayudaba a sobrellevar el peso de lo perdido.

Para Julián, Luna no era simplemente un animal; era su familia, la única que quedaba cuando todos los demás se habían ido. Al observarla, al ver cómo confiaba en él y permanecía a su lado, comprendía que había algo en ella que lo mantenía vivo, algo que le daba un propósito en medio de la adversidad. Luna, con su amor incondicional y su lealtad sin reservas, era el ser que le daba fuerzas para resistir, el motivo por el cual, cada día, se levantaba y buscaba maneras de seguir adelante. Ella lo conectaba con lo mejor de sí mismo, recordándole que, a pesar de la dureza de la vida en la calle, aún quedaba un propósito, un sentido, una razón para continuar.

En esos momentos de conexión profunda, cuando él la cuidaba y le hablaba con ternura, Julián comprendía que, aunque el mundo exterior lo hubiera olvidado, su vida aún tenía valor. Luna era su ancla, su refugio, su familia.

Capítulo 4: Un Encuentro Compasivo

El Encuentro Inesperado

El sol se había escondido tras los edificios de la ciudad, dejando en su lugar una penumbra suave y fresca que envolvía el parque. Julián, agotado después de otro largo día en la calle, estaba terminando de acomodar a Luna en su cama improvisada en el carrito de supermercado. Con una ternura infinita, ajustó una manta descolorida que había conseguido en uno de los centros de caridad, la misma manta que cada noche extendía con precisión sobre los cacharros y las pocas pertenencias que él y Luna tenían. La perra, vieja y cada vez más frágil, gimió de dolor cuando él la levantó con suavidad. Sus ojos cansados le advirtieron de que estaba lastimada, y aunque hizo un amago de morderle, Julián conocía bien ese gesto. No era una amenaza; era su manera de decirle que le dolía, pero que confiaba en él.

"Ya, ya, mi niña... Ya pasó", murmuró Julián en voz baja, acariciando su pelaje con un cuidado casi reverente. Luna, agotada, cerró los ojos y descansó su cabeza en la manta, confiada en que, a pesar del dolor, él siempre estaría ahí para cuidarla. Era un pequeño ritual que repetían cada noche, un recordatorio de que, aunque el mundo les hubiera dado la espalda, aún se tenían el uno al otro. Julián observaba a Luna, y aunque estaba agotado, una paz silenciosa lo envolvía en esos momentos en los que cuidaba de ella.

Sin embargo, esa noche, Julián sintió una presencia cercana. Levantó la vista y notó que alguien lo observaba desde una distancia respetuosa. Era un hombre de aspecto amigable, que vestía de forma sencilla y cuyos ojos reflejaban una calma inesperada. Al ver que Julián había terminado de acomodar a Luna, el hombre se acercó despacio, casi como si no quisiera romper el pequeño espacio de paz que Julián había creado para él y su perra.

"Hola", saludó el desconocido con voz suave. "Espero no molestarte. Me llamo Miguel. Trabajo en una organización de rescate animal, y... bueno, he visto cómo cuidas de ella. Se nota que te importa mucho". Su tono era tan gentil y respetuoso que, por un momento, Julián no supo qué responder. No era la primera vez que alguien se acercaba con curiosidad o incluso lástima, pero había algo en la forma de hablar de Miguel, en la manera en que se mantenía a una distancia respetuosa, que lo hizo sentir algo diferente. Era como si ese hombre comprendiera lo que estaba viendo, sin juzgarlo ni intentar imponerle ninguna opinión.

Aun así, el instinto de Julián fue mantenerse cauteloso. "Buenas tardes", respondió, sin mucha intención de prolongar la conversación. No estaba acostumbrado a recibir palabras amables de desconocidos y, menos aún, a compartir su historia o a bajar la guardia. La calle le había enseñado a protegerse, a no confiar demasiado en aquellos que se acercaban con simpatía, pues muchas veces detrás de esa simpatía solo había un interés pasajero o, peor aún, una intención de juzgar.

Miguel, notando la cautela en los ojos de Julián, se sentó en un banco cercano, sin acercarse demasiado. "¿Sabes? Trabajo en una organización de rescate, y veo muchos casos de animales abandonados… y, a veces, de personas que lo pasan tan mal que no tienen más remedio que dejar a sus compañeros atrás", comentó, mirando a Luna con una sonrisa suave. "Pero tú… bueno, tú has decidido quedarte con ella, y eso no es algo que se vea todos los días".

El comentario sorprendió a Julián, quien no estaba acostumbrado a que alguien valorara su decisión. A menudo escuchaba críticas o comentarios que insinuaban que estaba siendo "egoísta" o "irresponsable" por insistir en tener a Luna a su lado a pesar de su situación. Miguel, sin embargo, parecía ver algo distinto, algo que él mismo no había visto en mucho tiempo: el valor de su lealtad hacia ella.

"Es... es lo único que tengo", respondió Julián en voz baja, acariciando el lomo de Luna, quien ahora dormía tranquilamente sobre la manta. "Ella me ha acompañado cuando nadie más lo ha hecho. No puedo abandonarla, no podría".

Miguel asintió, con una expresión de comprensión profunda en su rostro. "Entiendo. A veces los animales son nuestra única familia. Ellos nos dan un amor incondicional, y tú le devuelves eso mismo. Tienes algo especial aquí", dijo, señalando la conexión entre Julián y Luna. "Y no cualquiera entiende eso, pero yo sí. Te respeto por lo que estás haciendo. Es admirable".

A medida que Miguel hablaba, Julián sentía cómo sus palabras rompían lentamente las barreras que había construido para protegerse. No se sentía presionado, ni juzgado. Miguel le ofrecía una escucha sincera, una comprensión que iba más allá de lo superficial. Por primera vez en mucho tiempo, Julián sintió que podía confiar un poco en alguien. Aunque el escepticismo seguía presente, el tono y la actitud de Miguel lo hicieron sentir que, tal vez, era alguien en quien podía apoyarse.

"Perdona que te lo pregunte, pero... ¿cómo es tu situación? ¿Estáis bien?", preguntó Miguel con suavidad, manteniendo una distancia respetuosa para que Julián no se sintiera invadido. Julián, con una mezcla de tristeza y resignación, comenzó a compartir parte de su historia. Habló de cómo la vida se le había desmoronado, de la soledad que había sentido y de cómo, en medio de todo, Luna había sido su único sostén, su única compañía constante.

"Ella es mi familia, ¿sabes? No me queda nadie más", confesó Julián, sintiendo que esa frase llevaba consigo el peso de toda su realidad. "No puedo dejarla. Ya he perdido tanto… ella es lo único que aún tengo".

Miguel asintió, escuchando cada palabra con atención. "Lo entiendo, Julián. De verdad que sí. Y quiero ayudarte. No tienes que decidir nada ahora, pero me gustaría ofrecerte lo que necesitéis, especialmente para que Luna esté cómoda y saludable. Mi organización puede proporcionarle atención veterinaria y cualquier cosa que necesitéis, sin condiciones".

Julián se quedó en silencio, sus manos temblorosas sobre el carrito donde Luna descansaba. No sabía cómo expresar el agradecimiento que sentía en ese momento. La oferta de Miguel no solo era de ayuda material, sino también de respeto, de dignidad. Miguel no intentaba cambiar su situación ni cuestionar sus decisiones. Solo ofrecía ayuda, sin expectativas ni condiciones.

"Gracias", dijo finalmente, su voz cargada de emoción. "No estoy acostumbrado a que alguien me ofrezca ayuda... sin más. No sé cómo... cómo agradecerlo".

Miguel sonrió con amabilidad. "No tienes que agradecerme nada. A veces, solo necesitamos que alguien vea más allá de las apariencias, que entienda que detrás de cada historia hay algo más. Y créeme, ver a alguien cuidando de su compañera como tú lo haces me da esperanza. Hay mucho que podemos hacer por vosotros, y lo haré encantado".

Ambos permanecieron en silencio por un momento, compartiendo una conexión tácita que iba más allá de las palabras. La noche se hacía cada vez más profunda, y las luces del parque iluminaban suavemente el espacio que ambos compartían. Fue el inicio de una relación que, sin que Julián lo supiera aún, cambiaría profundamente su vida y la de Luna, devolviéndole una chispa de esperanza que había creído perdida.

La Historia de Julián

Sentado en el banco del parque, Julián miraba a Luna, quien descansaba sobre la manta en el carrito. Sentía la presencia tranquila de Miguel a su lado, quien, sin hacer preguntas ni apurarlo, había abierto un espacio para que hablara, si así lo deseaba. Por alguna razón, las palabras comenzaron a surgir, como si algo que había mantenido guardado demasiado tiempo encontrara finalmente un canal de expresión.

"Todo empezó hace un par de años", comenzó Julián, su voz apenas un susurro al principio. "Tenía una vida bastante normal. Trabajaba en una clínica veterinaria y... bueno, tenía amigos, tenía... a alguien". Hizo una pausa, recordando los rostros y lugares que ahora parecían pertenecer a otra vida. "Todo era estable, más de lo que pensaba en ese momento".

Miguel asentía en silencio, su mirada fija en Julián, sin interrumpir, dándole la libertad de seguir a su propio ritmo.

"Luna llegó a mí cuando ya todo comenzaba a tambalearse", continuó Julián, con un leve temblor en la voz. "Estaba en un refugio; la habían encontrado en muy mal estado, maltratada, con heridas... apenas confiaba en nadie". Recordó la primera vez que la vio: una perra asustada, acurrucada en una esquina del refugio, temblando cada vez que alguien se acercaba demasiado. Sin saber muy bien por qué, sintió una conexión inmediata con ella, una empatía que iba más allá de lo racional.

"A veces pienso que nos encontramos en el momento justo. Yo estaba empezando a sentirme perdido, a desconectarme de las personas y del trabajo. Estaba luchando contra una tristeza que no comprendía... y ahí estaba ella, una criatura herida que necesitaba que alguien creyera en ella. Decidí llevármela a casa". Julián sonrió levemente, recordando esos primeros días, en los que ambos, aún desconfiados y lastimados, empezaron a construir un vínculo de confianza mutua. "Luna me dio una razón para seguir adelante. Cuidarla me hacía sentir que aún había algo bueno que podía ofrecer".

Miguel lo escuchaba sin interrumpir, y esa calma, esa paciencia sin juicio, le permitieron a Julián continuar.

"Luego... todo empezó a desmoronarse. Perdí mi trabajo en la clínica. No tenía una red de apoyo, no había nadie realmente cercano a quien pudiera recurrir. Los ahorros se acabaron rápido. Pensé en irme a casa de algún familiar, pero no podía... mi relación con ellos es... complicada". Recordaba esos momentos de incertidumbre, las noches en las que pasaba en vela tratando de idear una solución, cualquier cosa que le permitiera salvar su vida y no perder a Luna. "Al final, las deudas, la tristeza y el peso de la soledad fueron demasiado. Terminé aquí, en la calle".

Miguel asintió de nuevo, con una mirada llena de empatía, como si comprendiera cada palabra, cada emoción detrás de ellas. Julián continuó, sintiendo cómo una parte de él se aliviaba al compartir esa carga.

"Desde que estoy aquí... las cosas no han sido fáciles. Mucha gente me ha criticado por mantener a Luna conmigo, como si ella fuera una carga o como si, por estar en la calle, ya no tuviera derecho a tener alguien que me haga compañía. He escuchado todo tipo de comentarios... que soy irresponsable, que debería abandonarla... pero la verdad es que Luna es la única razón por la que sigo adelante". Julián sintió que un nudo se le formaba en la garganta al recordar las miradas de desprecio y las palabras duras de los extraños que no entendían por qué alguien en su situación seguía cuidando de un animal.

Miguel lo miró, asintiendo lentamente, y su mirada cálida le daba la fuerza para seguir hablando. Julián respiró profundamente y continuó: "Sé que es difícil para los demás entenderlo. A veces me pregunto si ellos alguna vez han sentido algo así, una conexión tan profunda que te hace resistir cuando ya no tienes fuerzas. Ella me da una razón para levantarme cada mañana, para seguir intentando, para seguir luchando. Luna es... mi familia".

Hubo un largo silencio entre ambos. Miguel dejó que las palabras de Julián se asentaran, sin hacer preguntas ni interrumpir con comentarios innecesarios. Simplemente estaba allí, siendo un testigo respetuoso de su historia, y Julián se sintió reconfortado. Miguel era el primero que parecía ver más allá de su apariencia, que no cuestionaba su elección de permanecer junto a Luna a pesar de todo. Por primera vez en mucho tiempo, Julián sintió que alguien realmente entendía lo que significaba su vínculo con ella.

Finalmente, Miguel rompió el silencio, con una voz tan suave que parecía un susurro: "Lo que tienes con Luna es especial, Julián. Es algo que pocos logran encontrar en la vida, y es algo digno de respeto". Su tono era sincero, sin un atisbo de lástima, y Julián sintió que esas palabras se hundían en lo más profundo de su corazón. "Sé que la situación es difícil, pero esa lealtad, ese amor que tienes por ella... es admirable. Y créeme, no estás solo en esto".

Julián lo miró, con los ojos brillantes por la emoción contenida. "Gracias", dijo en voz baja. "No sabes cuánto significa escuchar eso. A veces siento que todos me ven como si fuera... como si estuviera loco por elegir esto. Pero para mí, Luna lo es todo. Sin ella... no sé qué haría".

Miguel sonrió y, en ese momento, Julián sintió que, a pesar de las adversidades, no todo estaba perdido.

Ofreciendo Ayuda sin Condiciones

Después de escuchar la historia de Julián, Miguel permaneció en silencio unos instantes, procesando cada palabra y cada emoción que aquel hombre le había confiado. Sentía una profunda admiración por la fortaleza y la lealtad de Julián hacia Luna, y sabía que, si podía hacer algo para ayudarlo, lo haría sin dudarlo. Al fin, con una mezcla de calma y sinceridad, Miguel rompió el silencio, dispuesto a ofrecerle algo que pocos le habían ofrecido a Julián en mucho tiempo: ayuda, sin condiciones.

"Julián, yo... de verdad, admiro mucho lo que haces por Luna", comenzó Miguel, eligiendo sus palabras con cuidado. "Creo que muy pocos entienden el tipo de vínculo que tienes con ella. Yo trabajo en una organización de rescate animal y, bueno, tengo acceso a ciertos servicios y recursos que podrían ayudarte. Me gustaría ofrecerte algunas opciones, sin que te sientas comprometido. No tienes que aceptar nada si no quieres, pero quiero que sepas que esta ayuda está aquí para cuando la necesites".

Julián, que ya estaba acostumbrado a rechazar ofertas o a verlas venir con un trasfondo de juicio, lo miró con una mezcla de sorpresa y cautela. Sin embargo, Miguel mantenía una expresión sincera y serena, y su mirada transmitía una empatía genuina, lo cual hizo que Julián, a pesar de sus reservas, se sintiera abierto a escuchar.

"¿Cómo... cómo sería esa ayuda?" preguntó Julián, tratando de mantener la cautela, pero con una leve chispa de esperanza en su voz.

Miguel sonrió y se inclinó un poco hacia adelante, sin invadir su espacio, pero mostrándole su completa disposición. "Por un lado, me gustaría que Luna recibiera algo de tratamiento para aliviar sus dolores. No puedo prometer una solución definitiva, pero nuestra organización puede ofrecer atención veterinaria sin costo. Podemos hacerle un chequeo general, darle algún analgésico, suplementos o lo que sea necesario para que esté más cómoda. Ella parece tener dolores crónicos y creo que algo tan básico como eso podría ayudar mucho, ¿qué te parece?"

Julián sintió cómo su corazón se aceleraba. La salud de Luna era su mayor preocupación, y cada día se angustiaba al verla cojear o quejarse de dolor. La idea de poder brindarle un alivio, aunque fuera temporal, le provocaba una mezcla de alivio y temor. No quería hacerse ilusiones, pero la posibilidad de que Luna recibiera el tratamiento que necesitaba era más de lo que había esperado encontrar esa noche.

"Eso... eso sería maravilloso", murmuró Julián, sin poder ocultar la emoción en su voz. "No sabes cuánto me preocupa verla así, sin poder hacer mucho para ayudarla".

Miguel asintió, sonriendo con comprensión. "Lo sé, Julián, y créeme, para eso estamos. Nadie debería pasar por esto solo, y menos aun cuando se trata de cuidar a un ser tan querido". Luego, después de una breve pausa, añadió: "Y, si estás dispuesto a considerarlo, hay más cosas que podríamos ver. Existen algunos sitios de alojamiento temporal que aceptan mascotas, lugares donde podrías estar con Luna de manera segura. No son muchos, lo admito, pero conozco algunos refugios que ofrecen programas para personas que están pasando por una situación difícil y que permiten la compañía de animales. ¿Te interesaría que te ayudara a contactar con alguno de esos lugares?"

Julián, que había aprendido a desconfiar de los refugios tras tantos rechazos, sintió una mezcla de emociones. Parte de él quería rechazar la oferta de inmediato, temiendo que al final lo separaran de Luna, que le hicieran elegir entre un techo o su lealtad hacia ella. Pero al ver la sinceridad en los ojos de Miguel, supo que esta propuesta era diferente. Miguel parecía entender, de verdad, lo que significaba su conexión con Luna, y por primera vez en mucho tiempo, sintió que alguien lo veía con verdadera compasión.

"Sería... sería algo que me gustaría considerar", respondió Julián con cautela. "He pasado por muchas situaciones en las que me han dicho que no puedo estar con ella, y... me da miedo que al final me hagan elegir. No puedo... no puedo dejarla sola".

Miguel asintió, comprendiendo perfectamente sus temores. "Lo entiendo, Julián, y te aseguro que yo mismo me encargaría de revisar cada lugar antes de que tomes una decisión. No voy a sugerirte nada que implique separarte de Luna, eso te lo prometo. Pero creo que, si encuentras un sitio seguro, podrías al menos tener un respiro, sabiendo que ambos están cuidados. Esto es solo una opción; no tienes que decidir nada ahora. Solo quiero que sepas que existen alternativas, y que no tienes que enfrentarlo todo solo".

Julián lo miró, con una mezcla de agradecimiento y desconfianza, aunque esta última iba desapareciendo poco a poco. Miguel no estaba ahí para imponerle nada, no intentaba convencerlo de hacer algo que no quería. Simplemente le ofrecía ayuda y respetaba su ritmo, dándole la libertad de elegir. Eso era algo que nadie le había dado en mucho tiempo: una oferta sin condiciones, sin juicio. Miguel no intentaba cambiar su vida de la noche a la mañana, solo le extendía una mano para aliviar el peso de su situación.

Mientras reflexionaba sobre la propuesta, Julián se dio cuenta de que Miguel era diferente a todas las personas que había conocido en los últimos meses. No lo miraba con lástima, no lo veía como un "caso" o como alguien que había fallado. Lo miraba con respeto y entendía el amor que tenía por Luna, algo que, para él, lo era todo. Miguel no juzgaba su decisión de quedarse en la calle junto a ella; al contrario, la respetaba, la admiraba, y esa comprensión le daba a Julián una sensación de alivio y paz que no había sentido en mucho tiempo.

"Gracias, Miguel", dijo finalmente, con la voz ligeramente quebrada. "Es... difícil confiar en la gente después de todo, pero... tú me haces sentir que tal vez aún hay algo bueno en este mundo. Que no todos están aquí para juzgar".

Miguel le dio una sonrisa cálida. "Nadie debería pasar por esto solo, Julián. Y, créeme, lo que haces por Luna es algo digno de respeto. No estás solo, y yo estoy aquí para ayudarte en lo que necesites, sin expectativas. Solo quiero que, en algún momento, puedas sentir que las cosas pueden mejorar".

Esa noche, al despedirse de Miguel, Julián sintió un leve rayo de esperanza asomarse en su vida. Tal vez, pensó, aún había personas dispuestas a ayudar sin juzgar, a ofrecer apoyo sin pedir nada a cambio. La posibilidad de mejorar la vida de Luna y de encontrar un refugio seguro parecía más cercana, y por primera vez, Julián se permitió pensar que, quizás, todo podía cambiar para mejor.

Tratamiento para Luna

Al día siguiente, Miguel cumplió con su promesa y se reunió con Julián y Luna en el parque. Esa mañana, el aire estaba frío, y una ligera niebla cubría la ciudad mientras caminaban juntos hacia la clínica de rescate animal. Miguel había gestionado una cita especial para Luna, asegurando que el veterinario estaría disponible para atenderla y ofrecerle los cuidados necesarios. Julián, aunque aún ligeramente receloso, sentía una mezcla de alivio y nervios. Ver a Luna recibir la atención médica que necesitaba era algo que había anhelado durante tanto tiempo, y no podía evitar que sus emociones se agolparan.

La clínica era un edificio modesto pero acogedor, con paredes decoradas con fotos de animales rescatados y recuperados. Al entrar, Julián sintió una calidez inesperada, como si, por primera vez en mucho tiempo, estuviera en un lugar donde lo recibían sin prejuicios. Miguel lo acompañó hasta la recepción, donde el personal de la clínica los recibió con una sonrisa amable y tranquila. Julián apretó la correa de Luna mientras la acariciaba suavemente, tratando de calmar sus propios nervios y los de su compañera, que temblaba un poco a su lado.

Un veterinario de aspecto amable, el doctor Martín, se acercó y saludó a Julián y a Miguel. "¿Esta es Luna, verdad?" preguntó con una sonrisa, agachándose para que la perra pudiera verlo de cerca. Julián asintió, agradecido por la actitud respetuosa del médico. El doctor extendió su mano hacia Luna, dejándola olfatear antes de acariciarla suavemente detrás de las orejas. "Vamos a examinarla, Julián. Queremos asegurarnos de que esté cómoda y de que podamos aliviarle un poco el dolor. Miguel ya nos ha contado un poco de su historia, y estamos aquí para ayudar".

Julián sintió una profunda gratitud mientras observaba cómo el veterinario trataba a Luna con paciencia y profesionalismo. Miguel lo acompañó a la sala de examen, y Julián no podía evitar mirar a su amigo con una mezcla de agradecimiento y asombro. Miguel había cumplido cada palabra que le había dicho, y ese compromiso sin condiciones le hacía sentir que, por primera vez en mucho tiempo, alguien se preocupaba realmente por ellos.

El veterinario empezó el examen con cuidado, revisando cada parte de Luna mientras Julián observaba atentamente. Notó que la perra gimió en algunas zonas, y el veterinario se detuvo, murmurando palabras de calma mientras continuaba. "Parece que Luna tiene algunos problemas en las articulaciones, lo cual es común en perros mayores", explicó el doctor Martín. "Vamos a darle un tratamiento para el dolor y algunos suplementos que le ayudarán a mejorar la movilidad".

Julián sintió un alivio indescriptible al escuchar esas palabras. Durante tanto tiempo había temido por la salud de Luna, sin poder hacer nada al respecto, y ver que finalmente recibiría algo de alivio le hizo sentir que un peso inmenso se liberaba de sus hombros. El veterinario le dio algunas instrucciones sobre los medicamentos, explicándole cómo administrarlos y cuándo debía traer a Luna para revisiones de seguimiento. Miguel se encargó de asegurarse de que todos los detalles estuvieran claros, dándole a Julián la confianza de que no tendría que enfrentar esto solo.

A medida que avanzaba la consulta, Julián no pudo evitar reflexionar sobre lo mucho que significaba este momento. Para él, la salud de Luna lo era todo; en un mundo que parecía haberle dado la espalda, ella era la única constante, su razón para seguir adelante. Verla recibir el tratamiento que necesitaba le daba una paz que no había sentido en meses. Gracias a Miguel, finalmente sentía que alguien estaba dispuesto a ayudarlo sin pedirle nada a cambio, sin juzgar su situación ni cuestionar sus decisiones. Era una ayuda genuina, sin condiciones, y eso le daba una esperanza renovada.

Al terminar la consulta, el veterinario les sonrió y les deseó lo mejor, dejando a Julián con una lista de cuidados para Luna. Miguel lo acompañó hasta la puerta, asegurándose de que tuviera todo lo necesario y de que entendiera cada paso del proceso. Julián, abrumado por la gratitud, sintió que las palabras no eran suficientes para expresar lo que sentía. Se volvió hacia Miguel y, por un momento, solo pudo mirarlo en silencio, asimilando el inmenso gesto de generosidad que había recibido.

"Gracias, Miguel. No tengo palabras... Esto significa más de lo que puedo expresar", dijo finalmente, con la voz entrecortada por la emoción. Miguel le dio una palmada en el hombro y sonrió.

"No tienes que agradecerme nada, Julián", respondió Miguel con suavidad. "Tú y Luna merecen esta ayuda. A veces, solo necesitamos que alguien vea más allá de las apariencias y que entienda lo que realmente importa. Estoy aquí para apoyarte, en lo que necesites".

De regreso al parque, Julián se sentía diferente, como si, por primera vez en mucho tiempo, una luz comenzara a abrirse paso en la oscuridad. La gratitud que sentía hacia Miguel iba más allá de las palabras. Sabía que su vida seguía siendo incierta, pero el alivio de saber que Luna recibiría los cuidados necesarios le daba fuerzas para seguir adelante. Además, había encontrado en Miguel algo que hacía mucho tiempo no tenía: un amigo. Un amigo que lo veía como algo más que un hombre sin hogar; lo veía como alguien que luchaba, alguien digno de respeto y compasión.

Desde ese momento, Julián comenzó a abrirse un poco más con Miguel, mostrándole un lado de su vida que pocas personas habían visto. Esa confianza, nacida de la bondad y el respeto mutuo, se convirtió en la base de una amistad que cambiaría su vida para siempre.

El Comienzo de una Amistad

Con el paso de los días, Miguel comenzó a aparecer con más frecuencia en el parque, no solo para ofrecer ayuda, sino para pasar tiempo con Julián y Luna. Lo hacía con naturalidad, sin imponerse, como si simplemente disfrutara de la compañía de ambos. Al principio, Julián pensó que la ayuda de Miguel se limitaría a las visitas a la clínica y a algunas recomendaciones sobre el cuidado de Luna. Sin embargo, pronto descubrió que Miguel estaba allí no solo como trabajador de una organización de rescate, sino como alguien que genuinamente quería conocerlo.

Una tarde de otoño, Miguel llegó al parque con una sonrisa relajada y un termo de café caliente. "¿Te apetece un café?" preguntó, extendiéndole un vaso a Julián. Sin saber muy bien por qué, Julián aceptó con una sonrisa tímida, y ambos se sentaron en un banco cercano mientras Luna descansaba en su carrito. La calidez del café y el suave aroma le trajeron a Julián recuerdos de otra época, cuando compartía pequeños momentos como ese con viejos amigos y disfrutaba de los placeres simples de la vida.

Miguel parecía entender ese silencio introspectivo y no lo rompió. Se limitó a beber su café junto a él, dejando que el ambiente tranquilo del parque los envolviera. Tras unos minutos, fue Miguel quien rompió el silencio. "Siempre he sentido que los animales nos enseñan algo especial, ¿no crees? Me encanta trabajar con ellos porque no te juzgan, no esperan nada de ti, simplemente te aceptan tal y como eres", comentó en un tono reflexivo. Julián asintió, y, al ver que Miguel compartía su amor por los animales, sintió que podía hablar más libremente.

"Luna es... mi familia, pero también es mi refugio. A veces siento que ella me entiende mejor que nadie", confesó Julián, con una leve sonrisa mientras miraba a su perra. "No sé qué habría hecho sin ella todo este tiempo. Siento que, de algún modo, ella me ha salvado tanto como yo intenté salvarla".

A medida que las tardes de café se hicieron más frecuentes, Julián empezó a notar que la presencia de Miguel le ofrecía algo que no había sentido en mucho tiempo: compañía sincera y libre de condiciones. No era una amistad impuesta ni basada en la lástima, sino en el respeto y en la mutua comprensión de sus respectivas luchas. Durante esas charlas, Miguel compartía algunas de sus propias experiencias en el mundo del rescate animal, hablando de cómo a veces se encontraba emocionalmente afectado por los casos que veía y de cómo los animales rescatados siempre le recordaban que había bondad en el mundo, a pesar de todo.

Miguel también habló sobre momentos difíciles que había vivido, sobre relaciones rotas y sueños que no siempre se cumplieron como esperaba. Estas confesiones, compartidas con honestidad y sin pretensiones, hicieron que Julián empezara a abrirse más. Por primera vez, se permitió hablar de sus propias derrotas, de cómo había perdido a las personas que más quería y de cómo, a pesar de todo, seguía encontrando razones para seguir adelante gracias a Luna.

"¿Sabes?" dijo Miguel en una ocasión, mirándolo con una sonrisa cálida. "Tienes una fuerza impresionante, Julián. Sé que puede sonar extraño, pero no todo el mundo podría enfrentar lo que tú has enfrentado. No todo el mundo tendría la lealtad y el amor para quedarse junto a Luna, sin importar las circunstancias".

Esas palabras resonaron en Julián. Era extraño oír algo tan positivo sobre sí mismo después de tanto tiempo de escuchar juicios y críticas. Miguel no solo lo aceptaba, sino que veía algo digno de respeto en él. Este reconocimiento genuino, sin condiciones ni expectativas, empezó a devolverle algo que había creído perdido: la autoestima.

Las charlas en el parque se convirtieron en algo que ambos esperaban con ilusión. Julián se sorprendía a sí mismo sintiendo una paz que no experimentaba desde hacía mucho tiempo. La presencia de Miguel le hacía recordar que aún podía ser alguien valioso, alguien digno de confianza y amistad. Cada vez que Miguel llegaba con una sonrisa y un café, Julián sentía que, de alguna manera, la vida le estaba ofreciendo una segunda oportunidad, no solo para recibir ayuda, sino para reconstruir poco a poco la imagen que tenía de sí mismo.

Con el tiempo, las conversaciones se tornaron más profundas. Julián le habló a Miguel sobre los sueños que había tenido antes de que su vida cambiara, sobre sus ambiciones como veterinario y sobre el amor que sentía por los animales, una pasión que nunca había desaparecido del todo. Miguel escuchaba con atención, sin juzgar los momentos difíciles ni los errores que Julián mencionaba. Simplemente, le ofrecía su presencia y su empatía.

A medida que esta amistad se fortalecía, Julián sentía cómo Miguel le ayudaba, sin darse cuenta, a recuperar parte de la esperanza que había perdido. Comenzaba a creer que, tal vez, la vida aún le reservaba algo bueno, y que, aunque las dificultades continuaran, él tenía la capacidad de superarlas. No era solo por las conversaciones o el apoyo, sino por el respeto con el que Miguel lo trataba, por la manera en que lo veía como una persona digna, y no como alguien "caído".

Finalmente, una tarde, mientras el sol empezaba a ocultarse, Julián miró a Miguel y le dijo en voz baja: "Gracias por estar aquí. No sé si lo sabes, pero... me has dado algo que pensé que ya no existía". Miguel sonrió, colocando una mano en su hombro y respondiendo con sencillez: "Amigos para eso estamos, Julián. Para recordarnos que no estamos solos".

Con esas palabras, Julián comprendió que la amistad que había encontrado con Miguel era un regalo inmenso, una conexión que lo ayudaba a recordar quién era en su esencia, más allá de las circunstancias. Esa amistad se convirtió en el primer paso hacia una vida con más luz, y, por primera vez en mucho tiempo, Julián se permitió soñar con la posibilidad de un futuro mejor.

Luna y la Nueva Esperanza

Las semanas pasaban, y cada día, Julián notaba pequeños cambios en su vida y en la de Luna. Gracias al tratamiento que habían recibido en la clínica y a los cuidados constantes, Luna parecía estar más tranquila, su dolor había disminuido y volvía a caminar con algo más de vitalidad. Verla así, recuperando poco a poco su energía, llenaba a Julián de una felicidad sencilla pero profunda. Había pasado tanto tiempo preocupado por su bienestar, temiendo que cada día fuera más difícil para ella, que este alivio, aunque pequeño, le devolvía algo que había creído perdido: la esperanza.

Cada mañana, mientras observaba a Luna moverse con más soltura y descansar con más calma, Julián sentía un alivio que iba más allá del simple hecho de verla menos dolorida. Era como si esos cambios en Luna reflejaran también los cambios en su propia vida. Miguel había traído algo más que ayuda práctica; había traído una dosis de bondad y empatía que, en un mundo lleno de miradas duras y prejuicios, le recordaba que aún existía gente dispuesta a ver más allá de las apariencias.

Una mañana, sentado en el parque mientras observaba a Luna jugar con una pequeña rama que había encontrado, Julián reflexionó sobre todo lo que había cambiado desde que Miguel entró en su vida. Recordaba las miradas de desaprobación y los comentarios de quienes no comprendían su decisión de quedarse con Luna, de quienes veían en él solo a alguien "que había caído". Pero Miguel, sin embargo, le había demostrado que todavía había personas capaces de ver más allá, de reconocer que él y Luna no eran simplemente dos sombras en la calle, sino seres con historias, con dignidad y con amor.

La amistad de Miguel le había dado algo que, en su situación, parecía imposible: confianza en la humanidad. Cada encuentro con Miguel, cada conversación y cada gesto de apoyo sin juicio le devolvían una parte de la fe que había perdido. No se trataba de milagros ni de soluciones rápidas; era la constante presencia de alguien que creía en él y en su capacidad de salir adelante. Esa simple creencia, ese acto de ver a Julián como alguien digno de respeto y afecto, lo animaba a considerar que, tal vez, aún tenía algo que ofrecer al mundo, y que aún quedaba un camino por recorrer.

Con esos pensamientos en mente, Julián comenzó a permitirse pequeños pasos hacia el futuro. Era cauteloso, y no se atrevía a soñar demasiado, pero la idea de construir algo nuevo empezaba a florecer en su mente. Pensó en la posibilidad de buscar algún trabajo temporal o de aprovechar el contacto de Miguel en la organización de rescate animal. Incluso consideraba la idea de encontrar un lugar más seguro donde él y Luna pudieran estar juntos, un espacio donde no sintiera que cada día era una lucha constante por sobrevivir.

Las charlas con Miguel también le habían ayudado a recuperar parte de su autoestima, a ver que, a pesar de todo lo que había pasado, aún había fuerza en él para cambiar su realidad. Miguel le había dicho en una ocasión: "La vida a veces nos golpea con fuerza, pero siempre tenemos la opción de levantarnos y seguir. Tú tienes algo valioso, Julián: tu lealtad, tu capacidad de amar y de cuidar. Eso no lo tiene cualquiera, y no dejes que nadie te haga sentir que eso no importa".

Con esas palabras en mente, Julián empezó a soñar con un futuro distinto. Sabía que el camino sería difícil, que las heridas del pasado no desaparecerían de un día para otro, pero ahora veía un rayo de luz en el horizonte. La amistad de Miguel había sido el primer paso, el impulso necesario para que, por primera vez en mucho tiempo, se permitiera imaginar una vida mejor para él y para Luna.

Mientras el sol comenzaba a ponerse y las sombras se alargaban sobre el parque, Julián miró a Luna, que lo observaba con esos ojos tranquilos que tanto le decían. Con una sonrisa, acarició su cabeza y murmuró: "¿Sabes, Luna? Creo que aún tenemos una oportunidad. No sé qué nos depara el futuro, pero mientras estemos juntos… creo que vamos a estar bien".

En ese momento, Julián comprendió que, aunque su vida había cambiado drásticamente, aún tenía una oportunidad de encontrar un nuevo camino. La amistad con Miguel había sido el primer paso en esa dirección, un recordatorio de que la esperanza, a veces, llega de la mano de quienes ven en nosotros algo que nosotros mismos hemos olvidado. Y con Luna a su lado, sabía que no importaba cuán largo o arduo fuera el camino; ahora tenía una razón para seguir adelante, un nuevo propósito, y una renovada fe en que la vida, quizás, aún le reservaba algo bueno.

La Travesía de la Despedida

El Inicio del Declive

Las primeras señales del declive de Luna fueron sutiles, apenas perceptibles, como un murmullo en una noche silenciosa. Julián se dio cuenta de que Luna comenzaba a moverse más despacio, de que cada paso era un pequeño esfuerzo que ella parecía sortear con una especie de dignidad estoica. Al principio, trató de convencerse de que era algo pasajero, que quizá el cambio de temperatura o algún otro detalle menor afectaban a su compañera. Pero, con el tiempo, los signos se hicieron imposibles de ignorar. Luna, que solía caminar junto a él con esa mirada atenta y serena, ahora le devolvía una mirada cansada, sus ojos apagados y su respiración más pesada de lo habitual.

Cada quejido de Luna, cada pequeño movimiento de incomodidad, se sentía como una grieta en el corazón de Julián. La veía y sabía, en el fondo, que el tiempo de ambos juntos estaba contado, que lo inevitable se acercaba con pasos cada vez más audibles, como un eco en una habitación vacía. Mientras intentaba sostenerla en esos momentos, cuando ella intentaba levantarse con dificultad o cuando se sentaba en silencio, buscando descanso, sentía una mezcla de tristeza y desesperanza que no podía explicar con palabras. Su amor por Luna era tan profundo, tan vasto, que la idea de perderla era como perderse a sí mismo.

Los días se tornaron largos y pesados, una sucesión de momentos que Julián atesoraba a sabiendas de que cada uno de ellos podía ser el último. Luna aún se esforzaba, aún intentaba mostrarle que estaba allí para él, pero Julián sentía, en cada gesto, la fragilidad de ese vínculo, una fragilidad que, lejos de hacerle temer menos, lo llenaba de un amor aún más doloroso. Todo lo que quería era hacer más por ella, aliviarle el dolor, ofrecerle algún tipo de tregua, pero la impotencia de no poder detener el tiempo le atormentaba, convirtiéndose en un peso que parecía adherirse a su pecho.

Miguel, quien notaba cada vez más la tristeza en los ojos de Julián, comenzó a pasar más tiempo con él. A menudo, lo acompañaba al parque, sentándose en silencio junto a él mientras ambos observaban a Luna, quien descansaba en la manta que Julián le había preparado en el carrito. Miguel no decía mucho; parecía comprender que las palabras eran insuficientes, que lo único que podía hacer era estar allí, ofreciéndole una presencia silenciosa y constante que, en aquellos momentos, era más valiosa que cualquier consuelo verbal. Cada visita a la clínica, cada tarde de paseo lento, era una muestra de la amistad incondicional de Miguel, y Julián se aferraba a eso con la misma intensidad con la que se aferraba a los últimos instantes con Luna.

Cada noche, mientras Luna se acomodaba a su lado y se dejaba caer con un suspiro, Julián reflexionaba sobre el tiempo que habían compartido, sobre la fidelidad y el amor incondicional que esa perra le había brindado, y sobre el dolor que sentía al anticipar la despedida que, inevitablemente, se acercaba. Sabía que cada día junto a ella era un regalo, y se obligaba a recordar eso cuando las lágrimas amenazaban con traicionarlo. Sin embargo, el conocimiento de que ese regalo estaba llegando a su fin lo consumía, como una llama que, en lugar de dar calor, dejaba cicatrices en su interior.

Luna, su fiel compañera, era mucho más que un simple animal; era un ser que le había enseñado más de lo que cualquier persona podría enseñarle. Cada día junto a ella, cada pequeno momento, era un recordatorio de la fragilidad de la vida y de la belleza que reside en los lazos que tejemos. Y aunque sabía que la despedida era inevitable, eso no hacía que el dolor fuera menor. La certeza de que pronto tendría que enfrentar ese vacío le llenaba de una tristeza insondable, pero también de una profunda gratitud.

La Insoportable Belleza de los Últimos Momentos

Cada instante junto a Luna se volvía un tesoro, una frágil y efímera joya que Julián se empeñaba en proteger de la voracidad del tiempo. Se había dado cuenta de que sus días juntos eran una cuenta regresiva que no podía detener, y en esa conciencia, cada gesto, cada pequeño movimiento de Luna, adquiría una importancia que antes había dado por sentada. Ahora, cada vez que Luna levantaba la cabeza o movía su cola con esa lentitud llena de paciencia, Julián sentía una ternura tan intensa que casi dolía.

Cada noche, cuando se acomodaban para dormir, Julián le susurraba palabras suaves, palabras que quizás solo significaran algo para él, pero que llevaba guardadas en el pecho como un ancla. Abrazaba a Luna con delicadeza, sintiendo su respiración acompasada contra su pecho, y le decía cuánto la amaba, cómo había cambiado su vida y cuánto significaba para él. La acariciaba con una suavidad reverente, asegurándose de que, incluso en esos últimos días, Luna se sintiera amada y segura, en un refugio donde el dolor se difuminaba en el eco de sus palabras.

Algunas veces, cuando el dolor de Luna se intensificaba, Julián sentía que su corazón se rompía en mil pedazos. Se inclinaba hacia Bella y le hablaba en susurros, diciéndole que pronto todo estaría bien, que él estaría allí hasta el final. A veces, sus palabras se entrecortaban, y una lágrima solitaria caía sobre el pelaje de Luna. Pero ella, incluso en su debilidad, lo miraba con una calma y una ternura que parecían decirle que entendía, que sabía lo difícil que sería para él cuando ella ya no estuviera.

Miguel, testigo de esa relación tan profunda, observaba en silencio, como si no quisiera interrumpir el vínculo invisible que unía a Julián y a Luna. Podía ver la devoción en los gestos de Julián, y cómo, a pesar del dolor, en esos momentos había una belleza insuperable, una especie de pureza en su amor que trascendía cualquier palabra. Miguel, con un respeto que casi parecía sagrado, se mantenía cerca, listo para ofrecer apoyo sin invadir ese espacio íntimo que ambos compartían.

Julián reflexionaba en silencio sobre el significado de esos últimos días, sobre la naturaleza de la vida y el amor, sobre lo inabarcable que era el afecto que sentía por Luna. Comprendió que el amor verdadero no estaba en la permanencia, sino en la intensidad de esos momentos, en la entrega absoluta y sin condiciones que compartían, aún en el silencio. Se dio cuenta de que perder a Luna sería una de las heridas más profundas que sufriría, pero también comprendió que la pérdida no desvanecería el amor que sentía por ella. Luna había sido su familia, su compañera en los momentos más oscuros, y aunque doliera dejarla ir, ese amor seguiría latiendo en él.

Había una belleza casi insoportable en esos últimos días, una intensidad que solo podía darse cuando uno era consciente de lo efímero de la vida. Julián, de algún modo, se sentía agradecido de tener la oportunidad de despedirse con tanto amor, de poder atesorar cada segundo junto a Luna y, en esa ternura, de encontrar la paz necesaria para enfrentar lo inevitable.

La Mano Amiga

Miguel comenzó a ser una constante en los días de Julián, un pilar que parecía comprender cada matiz de su dolor sin necesidad de grandes explicaciones. En las tardes más difíciles, cuando la tristeza se convertía en un peso abrumador, Miguel estaba ahí, acompañándolo en silencio o con una palabra de consuelo. Julián sentía que, en esa compañía, había una empatía genuina, una presencia que no intentaba borrar su dolor ni suavizarlo, sino simplemente estar allí, dándole permiso para sentirlo en toda su intensidad.

Una noche, mientras caminaban en el parque, Miguel rompió el silencio con una voz suave pero firme. "Perder a alguien a quien amas es como aprender a vivir con una sombra, una que nunca desaparece, pero que poco a poco deja de doler tanto al tocarla", dijo, su mirada fija en el cielo oscuro, como si buscara sus propias respuestas entre las estrellas. Julián, que nunca había compartido su dolor de esta manera con nadie, lo escuchó con atención, sintiendo cómo esas palabras resonaban en lo más profundo de su ser.

Miguel compartió fragmentos de su propia experiencia con la pérdida, momentos de su vida en los que había sentido que el vacío se volvía insoportable y en los que se preguntaba si algún día el dolor dejaría de ser tan intenso. Pero, en lugar de intentar borrar esos recuerdos, Miguel había aprendido a llevarlos con él, como una especie de tributo silencioso a quienes había amado. "La gente nos dice que debemos olvidar, que el tiempo cura todo... pero no es así. Es como llevar una cicatriz que no se ve, pero que permanece ahí, recordándonos que amamos tanto que el dolor nos atraviesa. Ese amor, Julián, es lo que nos permite seguir adelante".

Esas palabras, aunque sencillas, calaron en el corazón de Julián. Miguel no le ofrecía una solución fácil ni le daba consejos para evitar el sufrimiento. En cambio, le ofrecía una visión diferente: el duelo no era una derrota, ni un vacío que debía llenarse, sino una prueba del amor que había existido y que, en su esencia, aún continuaba. Miguel le enseñaba, sin decirlo directamente, que el dolor también era una forma de honrar a Luna, una forma de mantener vivo el amor que compartían.

Las conversaciones entre ambos se volvieron cada vez más profundas, abordando temas que Julián rara vez había compartido con nadie. Hablaban de la vida, de las pérdidas que cada uno llevaba, y de cómo, a veces, el amor nos obliga a enfrentar el dolor con una valentía que no sabíamos que poseíamos. Miguel, con una paciencia infinita, le recordaba que no estaba solo, que el amor y la amistad que compartían también podían ser una fuente de fortaleza en esos días oscuros.

En esos momentos de conexión y reflexión, Julián se dio cuenta de que había encontrado en Miguel una amistad que lo sostenía, que le daba una esperanza que él mismo no podía darse. Cuando se sentía perdido, Miguel estaba ahí para recordarle que el dolor no era algo que tuviera que enfrentar en solitario, que estaba permitido llorar y lamentarse sin vergüenza, y que, al final, ese amor profundo que sentía por Luna no desaparecería con su partida.

Poco a poco, Julián empezó a ver la despedida inminente no como una pérdida total, sino como un paso inevitable en la historia que había compartido con Luna. Entendió que, aunque el dolor sería intenso, ese amor permanecería con él, de alguna forma, dándole fuerzas para recordar a Luna no solo como la compañera que había perdido, sino como el ser que había llenado su vida de un amor incomparable. Y en esa comprensión, encontró algo de paz, sabiendo que, junto a Miguel, tenía el ancla que necesitaba para navegar ese dolor.

La Despedida y la Aceptación

Los últimos días de Luna fueron una mezcla de dolor, ternura y una inquebrantable calma que, aunque inesperada, parecía envolverlos a ambos como una especie de refugio. Julián sabía, en lo más profundo, que el final estaba cerca. Luna apenas podía moverse, y sus ojos, aunque llenos de cansancio, aún brillaban con esa lealtad que siempre lo había acompañado. Cada momento junto a ella se volvía un acto de despedida silenciosa, un adiós que no necesitaba palabras, solo la presencia constante y amorosa que ambos compartían.

En esos últimos momentos, Julián dedicó cada segundo a cuidarla con la ternura más absoluta, como si al hacerlo pudiera aliviar un poco el dolor de la separación. La envolvía en su manta, le susurraba palabras suaves, recordándole lo mucho que significaba para él. Le hablaba de los días felices, de sus aventuras juntos, de cómo había sido su fortaleza en los tiempos oscuros. Luna, aunque cada vez más débil, respondía con un leve movimiento de su cola o apoyando su cabeza en su mano, dándole a entender que ella también lo sentía, que también lo amaba y que estaba en paz.

Miguel permanecía a su lado, silencioso, respetando cada lágrima de Julián y cada susurro que compartía con Luna. No intentaba consolarlo ni apartarlo de su dolor; solo estaba allí, presente, dándole la fortaleza que, en esos momentos, solo la compañía incondicional puede ofrecer. Julián se apoyaba en su presencia como en un ancla en medio de una tormenta. Saber que no estaba solo en ese instante final le daba una paz inesperada, como si la amistad de Miguel fuera una especie de promesa silenciosa de que, aunque Luna se fuera, él no quedaría completamente desamparado.

Mientras el final se acercaba, Julián reflexionaba sobre todo lo que había aprendido de Luna. Ella le había enseñado el verdadero significado de la fidelidad, de una lealtad que iba más allá de las circunstancias. Su amor había sido constante, sin expectativas, una ternura incondicional que nunca había experimentado antes. Con ella, había descubierto que el amor no era solo un sentimiento, sino un acto de entrega y dedicación absoluta, una presencia que estaba allí, aún en los momentos más oscuros.

Finalmente, cuando el último suspiro de Luna se escapó en un susurro apenas audible, Julián sintió un dolor agudo, profundo, pero al mismo tiempo, una paz indescriptible. En ese instante, entendió que el amor verdadero, ese amor que Luna le había dado sin reservas, también implicaba aprender a dejar ir. Sosteniendo su cuerpo ya sin vida, se dio cuenta de que, aunque ella ya no estuviera físicamente a su lado, su amor seguiría allí, como un faro en su camino, iluminando incluso los momentos más sombríos.

Miguel, con una ternura infinita, lo rodeó con un abrazo, permitiéndole derramar las lágrimas que había contenido durante tanto tiempo. Julián sintió que, aunque la despedida era una de las experiencias más dolorosas de su vida, había encontrado una especie de paz. Luna le había dado todo, y en su partida, también le dejaba una lección invaluable: el amor verdadero es inmortal, persiste en cada recuerdo, en cada gesto, en cada rincón del alma.

Mientras se levantaba, aún con la imagen de Luna grabada en su corazón, Julián comprendió que ella siempre sería una parte de él, una luz que lo acompañaría en su vida, y que, con el tiempo, aprendería a llevar esa pérdida no como una herida abierta, sino como una prueba del amor incondicional que ambos habían compartido.

En el Silencio de la Noche

La Última Vigilia

La noche había caído con una calma inusual, como si el mismo universo reconociera la solemnidad de ese momento. Julián, consciente de que este podría ser el último acto de amor hacia Luna, la arropó con una manta cálida, ajustándola suavemente para que el frío no la alcanzara. Se sentó junto a ella, decidido a pasar en vela lo que fuera necesario, dispuesto a brindarle la misma paciencia y ternura que ella siempre le había ofrecido. Acariciaba su pelaje con una mano temblorosa, y con la otra sostenía la manta, como si en ese gesto pudiera protegerla no solo del frío, sino también de la despedida inevitable.

Mientras la noche se extendía en un silencio profundo, Julián empezó a hablarle en susurros, con una voz cargada de amor y una leve nota de tristeza. "Gracias por todo, Luna. No sé cómo habría llegado hasta aquí sin ti." Su voz era suave, casi como una melodía, y él quería que ella supiera, en lo más hondo de su ser, cuánto la amaba, cuánto había significado en su vida. Las palabras se escapaban de sus labios con una sinceridad desgarradora, como si cada susurro fuera un último intento de mantenerla a su lado.

La brisa nocturna traía consigo la memoria de los años que habían compartido, y Julián, con los ojos cerrados, se dejó llevar por las imágenes que le venían a la mente. Recordó los paseos en días soleados, cuando Luna corría feliz a su lado, y cómo cada paso suyo parecía una celebración de la vida. Pensó en las noches frías en las que se acurrucaban juntos para darse calor, en cómo ella siempre encontraba la forma de consolarlo cuando él estaba abatido, y en cómo, de algún modo, Luna siempre había sabido lo que él necesitaba antes de que él mismo lo comprendiera.

A medida que las horas avanzaban, la noche se transformó en un refugio para ambos, un espacio suspendido en el tiempo donde solo existían ellos dos y el amor que compartían. Julián comprendía que esa noche sería la última vez que podría cuidar de ella, que podría susurrarle palabras de consuelo y acariciar su pelaje con una devoción que iba más allá de cualquier otro vínculo. Era una noche llena de una mezcla de amor y tristeza, en la que la belleza y el dolor de la despedida se entrelazaban en un solo sentimiento, uno que era tan profundo que lo dejaba sin aliento.

Sentía que cada caricia, cada palabra, era un tributo a los años que compartieron, a la fidelidad que ella le había mostrado incluso en los momentos más oscuros. Julián entendía que, aunque el amanecer lo encontraría solo, el amor de Luna permanecería con él, como un eco constante que le recordaría siempre la pureza de su vínculo.

El Abrazo del Adiós

La madrugada avanzaba lenta, con una calma casi solemne, como si la misma noche entendiera la importancia de ese momento. Julián, inclinado junto a Luna, percibió que el final estaba cerca. Luna apenas respiraba, cada aliento era un susurro débil, pero sus ojos, aún entrecerrados, mantenían ese brillo apacible que siempre lo había reconfortado. Julián sintió cómo el peso de la despedida se volvía más y más tangible, una carga que le oprimía el pecho, pero que también lo llenaba de una extraña serenidad. Sabía que todo lo que podía hacer ahora era estar con ella, sostenerla en esos últimos instantes, y recordarle cuánto la amaba.

Se inclinó hacia ella, acariciándole la cabeza con una ternura infinita, sus dedos recorriendo suavemente el pelaje suave y ya un tanto frágil de su compañera. En voz baja, comenzó a susurrarlc palabras dc agradccimicnto, dcjando que cada palabra fluyera directamente de su corazón. "Gracias, Luna," le dijo, y su voz temblaba, quebrada por la emoción. "Gracias por cada día que me diste, por estar a mi lado cuando nadie más lo hizo. No sé cómo habría llegado hasta aquí sin ti. Fuiste mi familia, mi refugio... mi hogar." Sentía que esas palabras no podían abarcar todo lo que ella había significado para él, pero seguía hablándole, con la esperanza de que ella pudiera sentirlo, que supiera cuán profundamente la amaba.

Cada caricia, cada roce de su mano contra su pelaje, era un tributo silencioso a los años que habían compartido, un último intento de darle todo el amor y el consuelo que ella le había brindado. Julián recordaba los momentos en los que ella había estado junto a él en silencio, ofreciéndole esa lealtad silenciosa que solo los animales parecen entender; los días en los que, aún sin palabras, él había sentido que Luna era su fuerza, la razón por la que se había mantenido en pie. Y ahora, en este acto de despedida, buscaba devolverle todo lo que ella le había dado, asegurándose de que, en esos últimos instantes, Luna supiera cuánto la había amado.

El dolor era inmenso, una marea de tristeza que amenazaba con desbordarse, pero junto a ese dolor, Julián también sentía una especie de paz, una aceptación de la fragilidad de la vida y de la inevitabilidad de la muerte. Comprendió que el amor que había sentido por Luna era tan profundo que incluso el final no podría borrarlo, que su conexión con ella permanecería viva, arraigada en lo más hondo de su ser. Aunque la despedida fuera inevitable, aunque ella se fuera físicamente, Julián sabía que el amor que los unía no se desvanecería con su partida.

Lentamente, apoyó su frente contra la de Luna, cerrando los ojos mientras las lágrimas fluían sin restricción. "Siempre serás parte de mí, Luna. Siempre." Sabía que esas palabras eran una promesa que él mismo guardaría con devoción, un recordatorio de que, aunque ella ya no estuviera, su amor seguiría siendo su fuerza, su ancla.

Y así, en el silencio sagrado de la madrugada, Julián sostuvo a Luna en sus últimos suspiros, despidiéndose de ella con todo el amor que le quedaba, sintiendo cómo, incluso en la tristeza más profunda, el amor que compartieron iluminaba sus recuerdos, transformando la despedida en un acto de gratitud y devoción que nunca olvidaría.

El Silencio Profundo

La primera luz del amanecer comenzó a filtrarse entre los árboles del parque, tiñendo de un dorado suave el espacio en el que Julián yacía inmóvil junto al cuerpo de Luna. Su respiración era lenta, casi contenida, como si incluso el acto de respirar pudiera romper el delicado silencio que había quedado tras su partida. Luna descansaba en paz, y aunque su cuerpo estaba allí, Julián sentía su ausencia como una sombra abrumadora, una que llenaba el aire con una tristeza que se le incrustaba en el pecho, fría y densa.

No podía moverse, no podía apartar la vista de su compañera. Sus manos aún descansaban sobre el pelaje de Luna, como si una parte de él no terminara de aceptar que ella ya no estaba. Sentía que, si soltaba ese contacto, si rompía esa última conexión, perdería una parte de sí mismo, un ancla que lo había sostenido en momentos de inmensa oscuridad. La quietud que lo envolvía era profunda, llena de un vacío que parecía extenderse en todas direcciones, alcanzando cada rincón de su corazón.

Fue en ese instante, en medio de ese abismo silencioso, que una figura familiar se acercó. Miguel, su amigo fiel, apareció a su lado sin hacer ruido, como si comprendiera la gravedad de la escena. Se acercó con calma y se sentó junto a él, dejando que la calidez de su presencia rompiera la frialdad de la soledad que rodeaba a Julián. No dijo nada; simplemente permaneció allí, en silencio, respetando cada lágrima y cada segundo de duelo. Miguel entendía que, en ese momento, las palabras carecían de sentido; que lo único que podía ofrecerle a su amigo era su compañía, una mano amiga que le recordara que no estaba solo, incluso en la pérdida más desgarradora.

Julián, con los ojos fijos en Luna, apenas podía respirar sin sentir que el dolor se profundizaba, pero la presencia de Miguel era un consuelo silencioso que le recordaba que, aunque ella se había ido, aún quedaba alguien que lo entendía. Julián, incapaz de articular palabra alguna, se limitó a apoyar su cabeza sobre el hombro de su amigo, y allí, en ese acto de vulnerabilidad, encontró un pequeño refugio, un alivio momentáneo a la marea de emociones que lo invadía.

En el silencio, Julián comenzó a reflexionar sobre el amor y la pérdida. Se dio cuenta de que, aunque el dolor era intenso, también estaba acompañado de una paz inexplicable, una sensación de que el vínculo que había compartido con Luna seguía existiendo, vivo en su memoria y en su corazón. La despedida había sido inevitable, y aunque sentía que una parte de él se había ido con ella, el amor que le había dado perduraba, casi como una presencia invisible que llenaba el vacío que ella había dejado.

Esa paz, aunque tenue, le recordaba que el amor verdadero no desaparece con la muerte; que los lazos que había compartido con Luna seguirían vivos, como una suave luz que iluminaría sus recuerdos en los días venideros. En ese instante, Julián comprendió que, aunque el dolor persistiera, también había en él una especie de gratitud. Había tenido la suerte de vivir ese amor incondicional, de experimentar un vínculo que nada podría borrar, y esa certeza, esa calma en medio de la tristeza, sería su refugio en los días por venir.

La Paz de la Memoria

A medida que la primera luz del amanecer comenzaba a pintar el cielo con tonos suaves, Julián sintió una calma indescriptible, como si el amanecer trajera consigo una promesa de paz que suavizara el dolor de la pérdida. El parque, aún envuelto en el silencio de la madrugada, era testigo de su despedida. Sentado junto a Luna, ahora en paz, Julián miró el cielo que clareaba, y en ese instante, experimentó una comprensión profunda y silenciosa: aunque ella ya no estuviera físicamente a su lado, el amor que compartieron seguiría vivo en él, impregnando cada parte de su ser.

Miguel, a su lado, también contemplaba el horizonte. Tras un momento de silencio compartido, colocó una mano reconfortante en el hombro de Julián y, con una voz baja y suave, le recordó algo que resonó profundamente en su corazón: "El amor no desaparece, Julián. Se queda con nosotros, permanece en cada recuerdo, en cada acto de gratitud, y en cada uno de los momentos en que nos acordamos de aquellos que amamos." Julián sintió el peso de esas palabras, y algo en ellas le brindó una paz inesperada, una certeza de que, aunque el dolor persistiera, también había una belleza eterna en el amor que había compartido con Luna.

Con el cuerpo aún pesado por la tristeza, Julián comenzó a recordar, no con amargura, sino con una suave gratitud, todos esos momentos que definieron su relación con Luna: las veces en las que ella lo había mirado con esos ojos llenos de comprensión, los días en que su sola presencia había aliviado su tristeza, y cada instante en que ella había sido el ancla que lo mantuvo firme. Sabía que Luna le había enseñado el verdadero significado de la lealtad, de la entrega, y que, aunque ya no pudiera acariciar su pelaje, el amor que ella le había dado sería una guía luminosa en su vida, una presencia que nada podría borrar.

De pie junto a Miguel, Julián compartió una última despedida en silencio. Miguel, respetuoso y consciente de la solemnidad de ese momento, no dijo nada más, pero su presencia le recordaba a Julián que no estaba solo, que el amor, en todas sus formas, siempre era una fuerza inagotable. Al mirar a Luna por última vez, sintió que el dolor de la separación se transformaba en una gratitud profunda por todo lo que habían vivido juntos.

En ese amanecer que prometía un nuevo comienzo, Julián entendió que el amor, al final, era su verdadera herencia. Agradeció haber sido amado y haber tenido la capacidad de amar con una intensidad tan genuina. Y, mientras el sol empezaba a asomarse tímidamente por el horizonte, Julián respiró hondo, sintiendo que, de alguna manera, Luna seguía con él, guiándolo. Su memoria sería su refugio y su ancla, una fuente de fuerza en el camino que tenía por delante.

Con cada paso que daba, supo que, aunque el dolor seguiría siendo parte de él, también lo sería esa paz que traía consigo el amor incondicional, una paz que lo sostendría y le daría el valor para continuar.

Renacer entre las Sombras

El Vacío y la Esperanza

Los días que siguieron a la partida de Luna fueron para Julián una mezcla de silencios pesados y espacios vacíos que antes había llenado la presencia constante de su compañera. Cada rincón del parque, cada lugar al que solía ir con ella, parecía susurrarle su ausencia, recordándole de manera implacable que ella ya no estaba. Julián se sentía perdido, flotando en una especie de limbo sin dirección. Las noches eran especialmente difíciles; el hueco a su lado, el eco de sus pasos sin ella, todo se sentía como una sombra que no sabía cómo disipar.

Fue en esos días grises que Miguel comenzó a aparecer con más frecuencia, sin previo aviso y siempre con una calidez que rompía un poco el frío de la soledad. A veces se limitaba a sentarse junto a él, compartiendo un silencio que Julián agradecía, sin presiones ni preguntas. Otras veces, Miguel llegaba con un café caliente o con alguna pequeña historia sobre sus días en la organización de rescate, historias que empezaban con algo simple pero que terminaban por arrancarle a Julián una leve sonrisa.

Un día, mientras compartían el café de la tarde, Miguel miró a Julián con una seriedad que este no había visto antes. "Julián, lo que hiciste por Luna, la lealtad y el amor que le diste no pasa desapercibido. Sabes, en la organización, hay muchos animales y personas que necesitan precisamente eso, alguien que los vea con la misma devoción que tú veías a Luna." Julián escuchó, conmovido y, al mismo tiempo, incrédulo, pues aún le costaba pensar en su dolor como algo que pudiera tener un propósito más allá de sí mismo.

Miguel continuó, su voz cargada de empatía. "La historia de ustedes ha impactado no solo a mí, sino a otros que han visto cómo, incluso en las peores circunstancias, elegiste quedarte con ella, cuidarla hasta el final. Esa historia... ese amor que compartiste, Julián, podría inspirar a muchos que están pasando por situaciones difíciles. Podrías ayudar a otros a entender que no están solos, que sus lazos valen, que sus decisiones importan."

Julián guardó silencio por un momento, sus pensamientos enredados en una mezcla de recuerdos y dudas. La idea de trabajar en la organización de rescate era algo que jamás había considerado. Sin embargo, la posibilidad de dar sentido a su pérdida, de convertir esa despedida en un acto de amor hacia otros, comenzó a hacer eco en su corazón. La sola idea de poder brindar a otros el consuelo que él había encontrado en Luna le daba una chispa de esperanza, un destello en medio de su tristeza que, aunque tenue, parecía iluminar un posible camino hacia adelante.

Esa noche, mientras meditaba en las palabras de Miguel, Julián comprendió que la pérdida de Luna no lo había dejado vacío. Ella le había enseñado sobre la lealtad, la ternura y el valor de un amor incondicional. Quizá, si encontraba el coraje para abrirse a esta nueva oportunidad, podría honrar su memoria ayudando a otros que, como él, habían encontrado en sus compañeros animales una razón para seguir adelante.

La Propuesta de Miguel

Miguel lo llevó a la organización de rescate una mañana de domingo, cuando las calles aún estaban tranquilas y el aire fresco. Julián se sintió nervioso al cruzar las puertas del lugar, como si de alguna manera se sintiera fuera de lugar, un espectador en una historia que no le pertenecía. Pero Miguel, con su sonrisa calmada, lo guio por los pasillos con la seguridad de quien conoce el valor de cada rincón y el impacto de cada gesto en ese espacio.

A medida que avanzaban, Julián observó a los voluntarios y trabajadores de la organización, algunos arrodillados acariciando a perros que parecían haber llegado en mal estado, otros limpiando y preparando áreas de juego para los animales. El aire olía a una mezcla de desinfectante y comida para mascotas, un aroma peculiar que le recordó las horas en las que él mismo había cuidado a Luna en los momentos más difíciles. Miguel le explicaba cada detalle con paciencia, compartiendo cómo funcionaba el sistema de rescate, los turnos de los voluntarios y las historias de algunos de los animales que aún esperaban un hogar.

En una de las salas de recuperación, se acercaron a una jaula donde un perro de pelaje marrón descansaba con una venda alrededor de una pata. "Este es Max," dijo Miguel, señalando al perro, quien alzó la cabeza al verlos. "Lo encontramos hace unas semanas, herido y solo en un callejón. Parecía perdido, asustado, pero ha mejorado mucho desde entonces." Julián sintió una punzada en el pecho al ver la mirada de Max, una mezcla de curiosidad y cautela que le era familiar. Miguel continuó: "Ya hay una familia interesada en adoptarlo. Ver a estos animales encontrar un nuevo hogar después de tanto sufrimiento... no tienes idea de lo gratificante que es."

La conversación continuó mientras recorrían las instalaciones. Cada historia de rescate, cada animal que veía, parecía plantarle en el corazón una semilla de propósito que crecía con cada paso. Miguel le mostró una sala dedicada exclusivamente a los animales en recuperación emocional, aquellos que habían llegado con traumas profundos y necesitaban tiempo y paciencia para aprender a confiar de nuevo. "Es un trabajo delicado, pero los avances que ves aquí... son increíbles," dijo Miguel. "Algunos de estos animales solo necesitan una persona que los vea, que los trate con amabilidad, que les recuerde que no están solos."

Mientras observaba a los voluntarios y trabajadores atender a los animales con tanto cuidado, Julián comenzó a imaginarse formando parte de ese proceso. Se vio ayudando a otros animales que, como Luna, habían encontrado en la compañía humana un refugio y una razón para seguir adelante. Por primera vez desde la partida de Luna, sintió que quizás él mismo podría ser una de esas personas capaces de brindar consuelo, de transmitir empatía y apoyo a quienes lo necesitaran.

Cuando terminaron el recorrido, Miguel lo miró con una sonrisa tranquila. "¿Te ves aquí, Julián? Porque yo, honestamente, creo que serías perfecto para esto." Julián, conmovido por la propuesta, sintió que el peso de su duelo se aligeraba apenas un poco. Sabía que el camino no sería fácil, que su propia herida aún estaba fresca, pero la posibilidad de transformar ese dolor en algo positivo, de canalizar su amor y experiencia para ayudar a otros, le ofrecía una perspectiva que nunca había considerado.

Aquel primer vistazo a la organización de rescate no solo le mostró un lugar lleno de vida y esperanza, sino que plantó en él la idea de que tal vez su amor por Luna podía expandirse, convertirse en un acto de amor hacia otros.

Las Primeras Decisiones

Los primeros días de Julián en la organización de rescate estuvieron llenos de aprendizaje, de pequeñas tareas que le recordaban cuánto había cambiado su vida en tan poco tiempo. Su rutina se centraba en cuidar de los animales que llegaban en condiciones vulnerables, aquellos que, como él, parecían haberlo perdido todo. Al principio, se encargaba de tareas simples: limpiar las jaulas, llenar los platos de comida y agua, cambiar la ropa de cama en las áreas de recuperación. Cada tarea, por mínima que pareciera, le daba una sensación de propósito, una especie de paz que no había experimentado desde que Luna se había ido.

A medida que ganaba confianza, los otros voluntarios y trabajadores le enseñaban a realizar tareas más complejas: administrar medicamentos, atender a los animales en recuperación y, sobre todo, manejar a aquellos que llegaban temerosos y agresivos debido al maltrato o al abandono. Julián sentía una conexión profunda con esos animales, especialmente con aquellos que tenían cicatrices visibles y que miraban con desconfianza cada gesto humano. Veía en ellos la misma lucha que había vivido con Luna, ese instinto de protección que a veces parecía enfrentarse a la esperanza de que alguien los tratara con bondad.

Miguel lo acompañaba en este proceso, siempre dispuesto a enseñarle y, a veces, simplemente a escucharlo. Una tarde, después de un largo día de trabajo, ambos se sentaron en el patio trasero de la organización, observando el atardecer. Miguel rompió el silencio con una reflexión que tocó una fibra sensible en Julián. "¿Sabes, Julián? La forma en que cuidaste a Luna, la dedicación y el amor que le diste, creo que eso puede inspirar a muchas personas, especialmente a aquellos que viven en la calle. A veces, el hecho de ver que alguien ha pasado por algo similar y ha salido adelante puede cambiar la vida de otros."

Julián lo escuchó, sintiendo cómo esas palabras resonaban en su interior. La idea de poder ayudar a personas en situación de calle, de ofrecerles el mismo tipo de apoyo que Luna le había dado a él, comenzó a tomar forma en su mente. Recordó el miedo constante que había sentido al pensar en separarse de ella, en los momentos en los que casi había perdido la esperanza al enfrentar las reglas de los refugios que no permitían animales. La idea de crear un espacio inclusivo, donde personas sin hogar pudieran permanecer junto a sus mascotas, creció en él como un fuego lento pero constante.

Empezó a reflexionar en cómo podría concretar ese sueño, en lo que significaría ofrecer un refugio que entendiera el vínculo entre las personas y sus compañeros animales. Recordaba la desesperación de aquellos días en los que parecía no tener opciones, en los que la única opción viable era vivir en la calle para no dejar a Luna sola. Pensó en cuántas personas podrían estar viviendo ese mismo dilema, sacrificando su propio bienestar para no abandonar a sus animales.

En su corazón, la idea de un refugio inclusivo no era solo una meta profesional, sino un tributo a Luna, un homenaje a todo lo que ella le había enseñado sobre la lealtad y el amor incondicional. Poco a poco, Julián comenzó a esbozar en su mente la visión de un lugar donde nadie tendría que elegir entre un techo y la compañía de su amigo de cuatro patas, un lugar donde, como él había deseado, cada persona y cada animal pudieran estar juntos, seguros y comprendidos.

Un Sueño Compartido

La idea del refugio inclusivo se volvió una conversación recurrente entre Julián y Miguel. Cada vez que compartían una pausa en el trabajo, cuando caminaban de regreso a casa o en los momentos tranquilos al final de la jornada, el sueño parecía cobrar más vida, llenándose de detalles, de planes y de pequeñas promesas. Miguel, que había visto en Julián una dedicación incansable hacia los animales y un cariño profundo hacia quienes estaban en situaciones vulnerables, se unió al sueño con la misma energía y convicción. Sabía que era una idea ambiciosa, pero ver la pasión en los ojos de Julián le daba la certeza de que valía la pena intentarlo.

Una tarde, sentados en una cafetería después de una jornada en la organización, comenzaron a trazar sus primeras ideas. Miguel sacó un cuaderno y empezó a esbozar posibles áreas del refugio: un espacio para los animales recién rescatados, otro para las personas y sus mascotas, y una zona de recuperación para aquellos que llegaban en condiciones críticas. "Piensa en un lugar donde cada persona pueda mantener a su compañero a su lado, sin que nadie tenga que separarse por falta de recursos o de apoyo," comentó Miguel con entusiasmo. Julián sonrió, imaginando el tipo de refugio que ellos mismos habrían buscado, uno que acogiera no solo cuerpos, sino también vínculos y afectos.

A medida que compartían ideas, Miguel le sugirió algo que, al principio, hizo que Julián dudara. "¿Por qué no cuentas tu historia cuando vayamos a hablar con posibles patrocinadores?" propuso Miguel, con una expresión seria y a la vez esperanzada. "Tu historia con Luna... creo que eso podría tocar el corazón de quienes necesitamos que nos ayuden. Es algo que la gente necesita escuchar, Julián. Tú viviste lo que otros temen: perder a un compañero animal por no tener un lugar seguro para ambos."

Julián, sorprendido, sintió un nudo en la garganta al pensar en la posibilidad de compartir esa parte tan íntima de su vida. Su relación con Luna, los días en la calle, las miradas de desaprobación, la despedida final... todo eso formaba un capítulo doloroso y personal. Pero, al mismo tiempo, comprendió que esa historia contenía la esencia de su nuevo propósito. Luna le había dado algo que iba más allá de su presencia, algo que ahora él podía extender hacia otros. Tras unos momentos de silencio, asintió con un susurro: "Lo haré, si eso puede ayudar a otros como yo... y como ella."

Con cada conversación, Julián sentía cómo el sueño de ayudar a otros daba sentido a su vida, cómo empezaba a llenar el vacío que la partida de Luna había dejado en él. Lo que comenzó como una idea abstracta iba tomando forma, y con el apoyo de Miguel, se convirtió en algo más que una meta: era su nueva razón de ser, un propósito que se transformaba en el motor que lo impulsaba cada día. Entendía ahora que la pérdida de Luna no era el final, sino el inicio de un proyecto que honraba su amor, su memoria, y la lealtad inquebrantable que habían compartido.

Mientras cerraban el cuaderno, repleto de ideas y esbozos de su refugio soñado, Miguel le dio una palmada en el hombro y, con una sonrisa alentadora, le dijo: "Vamos a hacerlo, Julián. Por Luna, y por todos los que, como tú, saben que el amor no debería depender de tener un techo o no." En ese instante, Julián sintió que todo lo vivido cobraba sentido. Sabía que este sueño compartido, este refugio que imaginaban juntos, era más que una promesa; era el comienzo de una nueva vida, una en la que Luna seguiría presente, en cada acto de bondad y en cada alma que encontrara consuelo en el hogar que ellos construirían.

Los Primeros Pasos hacia el Refugio

Los primeros pasos hacia la creación del refugio fueron desafiantes. Julián y Miguel sabían que necesitarían el apoyo de otros para que su sueño se hiciera realidad. Armados con un cuaderno lleno de ideas y con la determinación de honrar la memoria de Luna, empezaron a contactar organizaciones y posibles patrocinadores. Cada reunión representaba una oportunidad, y también una prueba, un momento en el que Julián tendría que enfrentar sus miedos e inseguridades, exponiendo su historia con la esperanza de que alguien, al otro lado de la mesa, entendiera la importancia de su proyecto.

La primera reunión fue especialmente difícil para Julián. En el salón, frente a un grupo de directivos de una fundación de ayuda social, Miguel le dio una sonrisa de aliento y, con una señal casi imperceptible, le indicó que comenzara. Julián respiró hondo, sintiendo cómo el peso de las miradas sobre él despertaba viejos temores. Sin embargo, cerró los ojos un instante y recordó el rostro de Luna, su leal compañera, y la fuerza que ella le había transmitido en los momentos más oscuros.

Con la voz entrecortada al principio, Julián comenzó a compartir su historia, contando cómo había llegado a vivir en la calle, cómo la sociedad lo había forzado a tomar decisiones imposibles, y cómo el vínculo con Luna lo había salvado de la desesperanza absoluta. Los rostros en la sala se suavizaron a medida que su relato avanzaba, y cuando llegó al final, con la partida de Luna, la emoción en su voz se volvió un eco en el silencio que lo rodeaba. Julián notó que varios de los presentes lo miraban con empatía genuina, y por primera vez, sintió que su historia no solo era un recuerdo doloroso, sino una herramienta de cambio.

A pesar de las dudas y el cansancio que a veces lo asaltaban, Julián encontró en Miguel una fuente constante de apoyo. Miguel le recordaba que cada reunión, cada historia compartida, era un paso más hacia la creación de un refugio donde nadie tendría que elegir entre su bienestar y la compañía de su amigo animal. En uno de esos momentos de desaliento, Miguel le dijo: "Lo que estás haciendo es más que un proyecto, Julián. Es un acto de amor y valentía. Cada persona que te escucha se lleva algo de Luna contigo."

Las semanas se convirtieron en un desfile de presentaciones, en días llenos de llamadas y visitas a organizaciones, de ajustes y perfeccionamientos en la propuesta. Julián enfrentaba los rechazos con la misma tenacidad con la que había enfrentado su vida en la calle. Cada vez que sentía que su esfuerzo era en vano, cerraba los ojos e imaginaba el refugio lleno de personas y animales, un espacio donde todos tuvieran un lugar seguro, juntos.

Con el tiempo, Julián descubrió en sí mismo habilidades que desconocía: una capacidad para comunicar, para inspirar y para tocar corazones. Aunque era un proceso arduo, sentía que, a través de cada presentación, honraba la memoria de Luna, que cada palabra suya era un tributo a la lealtad y al amor que ella le había enseñado. El proyecto dejó de ser solo una idea y se convirtió en una misión, en un propósito que le daba fuerza para enfrentar cada desafío.

En sus momentos de reflexión, Julián se dio cuenta de que, en ese proceso, también estaba sanando. Cada historia compartida, cada mirada de apoyo, le recordaba que, aunque Luna ya no estuviera físicamente a su lado, su legado vivía en cada paso que él daba hacia ese refugio. A través de sus esfuerzos, su pérdida se transformaba en esperanza para otros, y en cada avance hacia su objetivo, Julián sentía que estaba construyendo algo duradero, un hogar que sería el reflejo de su amor eterno por Luna y de su deseo de hacer la diferencia en la vida de otros.

Una Nueva Luz en el Horizonte

Los meses de trabajo y esfuerzo finalmente dieron fruto. Después de innumerables reuniones, presentaciones y días de incertidumbre, llegó el momento en que Julián y Miguel lograron asegurar el apoyo necesario para el refugio. La noticia llegó en una tarde tranquila, en forma de un correo electrónico breve pero claro: la fundación más grande con la que habían contactado había decidido apoyar el proyecto. Julián leyó el mensaje una y otra vez, incrédulo, sintiendo cómo cada palabra resonaba en su pecho con una mezcla de alivio y emoción. La idea que habían soñado juntos, el refugio inclusivo que permitiría a las personas sin hogar y a sus mascotas permanecer unidas, estaba a punto de hacerse realidad.

Miguel apareció a su lado con una sonrisa enorme y lo abrazó, compartiendo esa victoria que habían trabajado tan duro para conseguir. En la pequeña celebración que organizaron en la organización de rescate, los voluntarios y amigos se unieron a ellos para compartir la alegría. Julián levantó su vaso de refresco, sintiendo que, en ese momento, se llenaba de gratitud. Era un brindis silencioso a Luna, un homenaje a la inspiración que ella había dejado en su vida. Las emociones se agolpaban en su pecho, y aunque sentía profundamente la ausencia de su fiel compañera, también la sentía presente en cada detalle de ese proyecto, como si su amor se manifestara en cada paso que había dado.

En los días siguientes, mientras organizaban los primeros pasos para la construcción del refugio, Julián se encontraba reflexionando en lo mucho que había cambiado desde que Miguel lo invitó a unirse a la organización. La vida, a pesar de las pérdidas, le había dado una nueva oportunidad, una que nunca hubiera imaginado. Pensaba en cómo, después de vivir en la calle, de experimentar el dolor y el miedo de perder a Luna, ahora tenía la posibilidad de brindar esperanza y consuelo a otros que estuvieran pasando por situaciones similares. El refugio se convirtió para él en una misión, un espacio donde no solo se ofreciera techo y comida, sino donde las personas y sus compañeros animales pudieran encontrar apoyo y aceptación, sin miedo a ser separados.

En un momento de tranquilidad, después de una jornada de planificación, Julián se detuvo frente al horizonte, observando cómo el sol se escondía lentamente detrás de las montañas. Su mirada se perdió en la inmensidad del paisaje, y en ese instante, comprendió que el refugio no era solo un lugar físico; era el reflejo de su propia transformación, de su decisión de levantarse y renacer entre las sombras. Era un símbolo de la vida nueva que había escogido, una vida en la que su dolor se convertía en amor, y su pérdida, en esperanza.

En ese momento final, Julián cerró los ojos y dejó que una leve sonrisa asomara en su rostro. Sentía a Luna a su lado, en el recuerdo que jamás se desvanecería, en la paz que lo llenaba y en la certeza de que su amor la honraría por siempre. Sabía que, aunque ella no estuviera físicamente, el refugio sería un lugar donde su memoria, su lealtad y su amor continuarían vivos, brindando un hogar y una oportunidad de renacimiento a todos los que lo necesitaran.

Un Legado de Amor

La Inauguración del Refugio

El día de la inauguración del refugio amaneció claro y sereno, como si el mismo cielo estuviera bendiciendo el proyecto que Julián y Miguel habían creado con tanto esfuerzo y amor. Tras meses de planificación, reuniones y sacrificios, el espacio estaba finalmente listo. Con una cinta sencilla colocada en la entrada y flores adornando el patio, el refugio esperaba recibir a sus primeros visitantes, cada rincón listo para albergar tanto a las personas como a sus compañeros animales, ofreciendo a cada uno un lugar seguro, cálido y lleno de dignidad.

Los amigos, voluntarios y simpatizantes que se habían unido a la causa de Julián se reunieron poco a poco, llenando el patio de murmullos de emoción, abrazos y sonrisas. La atmósfera era de celebración y gratitud, no solo por el logro en sí, sino por el mensaje que ese refugio transmitía. Para muchos de los presentes, era más que un proyecto; era un testamento del amor y de la resiliencia de aquellos que, como Julián, habían enfrentado la vida en la calle y, aun en la adversidad, no habían abandonado a sus compañeros animales. Era la representación tangible de una historia de pérdida, lealtad y renacimiento.

Miguel, quien había estado a su lado desde el principio, tomó la palabra primero. Con voz clara y una sonrisa de orgullo, habló de cómo el sueño de este refugio había cobrado vida gracias a la perseverancia y dedicación de Julián. "Hoy celebramos la creación de algo único, algo que no se mide en ladrillos o en metros cuadrados, sino en la esperanza y la compasión que han dado forma a este espacio," comenzó, su mirada recorriendo a cada persona con gratitud. "Esto no habría sido posible sin la fuerza y el coraje de una persona que decidió que el amor y la lealtad valen más que cualquier adversidad. Julián, tu historia es la razón por la que estamos aquí. Fuiste capaz de transformar el dolor en un acto de generosidad que va más allá de lo imaginable. Y tu perseverancia es una inspiración que, estoy seguro, tocará muchas vidas."

La multitud estalló en aplausos y, por un momento, Julián sintió un nudo en la garganta, abrumado por la emoción y la gratitud. Miguel, con una sonrisa de apoyo, le pasó el micrófono y le dio una palmadita en el hombro. Era su turno de hablar, de expresar con sus propias palabras el significado de ese día, de ese lugar y de todo lo que Luna y Miguel habían hecho por él.

Julián miró a la multitud y tomó una profunda bocanada de aire, estabilizando su voz al empezar. "Hoy estamos aquí para inaugurar este refugio, un lugar que significa mucho más de lo que las palabras pueden expresar. No solo es un techo o un espacio seguro. Este refugio es un símbolo de amor, de lealtad, y de la fuerza que surge cuando uno se aferra a quienes ama, incluso en los momentos más oscuros. Y este proyecto no existiría si no fuera por dos seres que me enseñaron lo que significa realmente el amor incondicional."

Sus ojos se nublaron ligeramente al mencionar a Luna. "Luna fue mi compañera en los peores días de mi vida, cuando perdí todo y, aun así, no pude concebir la idea de perderla a ella también. Ella me sostuvo cuando la soledad parecía consumirlo todo, cuando el frío y el hambre eran mis compañeros diarios, cuando la sociedad me había dado la espalda. Su amor, su lealtad... eso fue lo que me mantuvo en pie." Su voz tembló un instante, y la multitud guardó un respetuoso silencio, sintiendo el peso de cada palabra. "Luna no solo me acompañó en las calles, sino que me enseñó lo que significa el verdadero amor. Fue mi familia, mi refugio. Este espacio lleva su esencia, y espero que cada ser que cruce esta puerta, tanto humanos como animales, sienta en su espíritu la misma paz y calidez que ella me ofreció hasta el último día de su vida."

Julián hizo una pausa, y luego, con una sonrisa agradecida, continuó: "Pero también estoy aquí gracias a alguien que llegó en el momento en el que más lo necesitaba, cuando la soledad era abrumadora y la vida sin Luna se volvió un abismo. Miguel, tú fuiste la mano amiga que me sacó de la oscuridad, que me mostró que aún quedaban cosas buenas en este mundo. No solo me ofreciste un trabajo, sino que me ayudaste a recuperar la esperanza, me inspiraste a dar este paso, a soñar con un lugar donde nadie tenga que enfrentar la separación de sus seres queridos por no tener un hogar."

"Cuando pensaba que la vida ya no tenía propósito, tú me recordaste que aún había algo por lo que luchar. Me acompañaste en cada paso, me escuchaste sin juzgarme, y, junto a ti, descubrí que mi historia, por dolorosa que fuera, podía tener un propósito. Hoy, al abrir este refugio, sé que tu apoyo fue la chispa que necesitaba para darle sentido a esta nueva etapa de mi vida. Gracias, Miguel, por creer en mí, por ver lo que yo ya no podía ver, por recordarme que uno no está solo cuando tiene a alguien que cree en uno."

Los aplausos volvieron a llenar el espacio, y Julián se quedó en silencio por un instante, mirando el rostro de cada persona que lo rodeaba. Sintió la calidez del apoyo de todos ellos, el compromiso de esa pequeña comunidad que se había unido por una causa que trascendía las palabras.

Después del discurso, Julián y Miguel guiaron a todos los presentes en un recorrido por el refugio. Cada área estaba diseñada con cuidado y amor: los espacios de descanso donde las personas podrían estar junto a sus animales, las salas de recuperación para aquellos que llegaban con necesidades especiales, y las áreas comunes donde todos tendrían la oportunidad de conectarse y apoyarse mutuamente. Cada rincón hablaba del esfuerzo y del propósito que había nacido de una historia de dolor, pero que ahora se transformaba en esperanza.

Mientras caminaban, Julián no podía evitar reflexionar sobre el recorrido que lo había llevado hasta allí. Sabía que Luna, de algún modo, estaba presente en cada rincón, en cada detalle. Recordaba sus ojos, su calma, la forma en que ella había sido su compañera más fiel. Y ahora, en este refugio, ese amor no solo continuaría, sino que crecería, brindando a otros la oportunidad de experimentar la lealtad y el consuelo que él mismo había encontrado en ella.

Cuando el recorrido terminó y el sol comenzaba a ponerse, Julián se detuvo un momento en la entrada, mirando hacia el horizonte. Sentía una paz que hacía mucho no experimentaba, un sentimiento de que, por fin, había encontrado un propósito que iba más allá de sus propias necesidades. Luna había dejado un legado, y él estaba ahí para honrarlo, para extenderlo hacia aquellos que lo necesitaran.

En silencio, prometió cuidar de este refugio con el mismo amor que ella le había dado. Sabía que la presencia de Luna lo guiaría siempre, y que cada acto de amor y cada vida tocada en ese refugio sería, en el fondo, un tributo a su memoria.

El Legado de Luna y una Mirada al Futuro

n los días posteriores a la inauguración, el refugio cobró vida de una manera que Julián apenas había imaginado. Cada mañana llegaba temprano, con la intención de asegurarse de que todo estuviera en orden antes de que los residentes y sus compañeros animales se despertaran. Observaba cómo las personas, algunas cansadas y asustadas al principio, poco a poco se iban relajando, encontrando en ese espacio una tranquilidad y seguridad que creían perdida. Sus mascotas, que antes parecían inquietas, empezaban a disfrutar de un entorno en el que podían estar junto a sus dueños sin temor a ser separados.

Julián se detenía a menudo en la entrada del refugio, observando a los primeros residentes adaptarse a su nuevo hogar. Veía cómo los animales se acomodaban a los pies de sus dueños en las áreas comunes, cómo algunos jugaban en el patio mientras sus dueños conversaban o tomaban un descanso en la tranquilidad del refugio. Esas escenas le llenaban de una paz profunda, una mezcla de orgullo y serenidad que lo reconfortaba cada día. El espacio que había imaginado junto a Miguel, aquel lugar seguro y acogedor para personas y animales, estaba cobrando vida y cumpliendo su propósito. Cada sonrisa, cada mirada agradecida y cada ladrido feliz eran pruebas de que habían creado algo significativo.

Mientras el refugio funcionaba, Julián encontraba momentos para reflexionar en el legado de Luna. Pensaba en el impacto que ella había tenido en su vida, en cómo, en sus momentos más oscuros, su amor y lealtad le habían dado una razón para seguir adelante. Luna no solo había sido su compañera; le había mostrado el valor de la compasión, de la fidelidad y de la perseverancia. En cada gesto hacia los residentes del refugio, Julián sentía que estaba extendiendo lo que Luna le había enseñado. Este lugar no era solo un edificio; era un homenaje a todo lo que ella había significado para él, una prueba de que su amor y su recuerdo podían seguir ayudando a otros.

Un día, al final de la tarde, Julián salió al patio y contempló el horizonte mientras el sol comenzaba a descender, tiñendo el cielo de tonos cálidos y suaves. En ese momento, comprendió que el duelo por Luna había evolucionado. Aunque su ausencia aún dejaba un vacío en su vida, el dolor se había transformado en algo más grande: en un acto de amor que ahora compartía con todos aquellos que llegaban al refugio. Sintiéndose en paz, aceptó que, aunque Luna ya no estuviera físicamente, su espíritu y su memoria vivían en cada rincón de ese espacio. Su historia no había terminado; solo había cambiado, transformándose en un compromiso hacia quienes aún necesitaban ayuda.

Con la mirada puesta en el futuro, Julián se prometió a sí mismo continuar cuidando de este espacio, brindar apoyo a quienes lo necesitaran y preservar la memoria de Luna en cada vida que el refugio tocara. Era una promesa que le daba fuerzas para seguir adelante, una certeza de que, aunque su camino con Luna había cambiado, el amor que compartieron permanecería siempre, iluminando el sendero para otros. Sabía que la paz que sentía en ese momento sería su ancla en los días difíciles, su guía para avanzar.

Mientras Julián contemplaba el refugio en plena actividad, sus pensamientos se llenaron de gratitud y de una paz profunda que lo abrumaba. Había llegado tan lejos desde aquellos días en los que todo parecía perdido, y aunque Luna ya no estaba físicamente a su lado, su presencia se sentía en cada rincón de ese lugar. Al notar que alguien se acercaba, desvió la mirada del horizonte y encontró a Miguel, quien lo observaba con una sonrisa suave y tranquila.

Miguel se acercó en silencio, y los dos permanecieron unos momentos simplemente mirando el atardecer juntos, sin necesidad de palabras. Julián, sintiéndose envuelto en una calidez reconfortante, miró a Miguel y comprendió que, de alguna manera, él también había sido un pilar, una guía que lo había sostenido cuando la vida se desmoronaba. Miguel, quien no solo le había tendido una mano cuando más lo necesitaba, sino que también había creído en su sueño y en la posibilidad de transformar su dolor en algo hermoso.

Con una mezcla de gratitud y afecto, Julián lo miró a los ojos, notando la profundidad de su mirada, una mirada que transmitía apoyo incondicional y comprensión. En ese instante, no vio solo a un amigo o a un compañero de trabajo, sino a alguien que, en silencio, se había convertido en parte esencial de su vida. Miguel sonrió, como si percibiera los pensamientos de Julián, y dio un pequeño paso hacia él, acortando la distancia entre ambos.

Por un momento, quedaron ahí, tan cerca que podían sentir la respiración del otro. Julián sintió cómo el corazón le latía con fuerza, una mezcla de nervios y emoción, algo que no había experimentado en mucho tiempo. Sus ojos se encontraron, y en esa mirada compartida, ambos vieron reflejados los meses de trabajo, las noches de incertidumbre, las horas compartidas y el cariño que había nacido, primero como apoyo, luego como amistad, y finalmente como algo más profundo.

Sin darse cuenta, Julián levantó una mano y la apoyó en el brazo de Miguel, como si ese simple contacto pudiera expresar todo lo que las palabras no lograban decir. Miguel le devolvió la mirada con una ternura que desarmó cualquier duda que pudiera tener. Se acercaron un poco más, y en un gesto casi inconsciente, Miguel levantó la mano y le apartó un mechón de cabello de la frente, un gesto suave que dejó a Julián sin aliento. Sus ojos no se apartaban de los de Miguel, y en ese intercambio de miradas, ambos sintieron que algo había cambiado, que en ese momento habían cruzado una línea que, aunque invisible, les daba la certeza de que estaban en el lugar correcto.

Miguel, en un susurro apenas audible, le dijo: "Julián, todo esto es gracias a ti. Gracias a tu fuerza y a tu amor, y a la lealtad que compartiste con Luna. No sé si alguna vez te lo he dicho, pero me siento honrado de haber sido parte de tu vida, de este sueño." Las palabras, tan sinceras y llenas de significado, hicieron que los ojos de Julián se humedecieran, y en un impulso que no necesitaba explicación, dio un paso más y lo abrazó.

El abrazo fue lento y profundo, un abrazo que envolvía todas las emociones, la gratitud, el cariño y la paz que habían construido juntos. Miguel le correspondió, rodeándolo con sus brazos de manera protectora y cálida, como si en ese abrazo intentara transmitirle todo el apoyo y el amor que había crecido entre ellos. Permanecieron así unos instantes, sin prisa, sintiendo el latido del otro, hasta que, en un gesto suave, Julián levantó la mirada y sus ojos se encontraron de nuevo, esta vez sin reservas.

Sin decir una palabra, como si ambos supieran que las palabras no eran necesarias, se inclinaron y se besaron. Fue un beso lento, lleno de una dulzura inesperada y de una conexión que había florecido entre ambos sin que se dieran cuenta. En ese beso, Julián sintió una corriente de alivio, de paz y de una alegría silenciosa que le recordaba que, a pesar de las pérdidas y del dolor, el amor seguía encontrando su camino, tomando nuevas formas.

Cuando finalmente se separaron, ambos sonrieron, mirándose como dos personas que habían encontrado en el otro una razón para seguir adelante. Julián sintió que, de alguna manera, este momento era una continuación del amor que había compartido con Luna, como si su memoria y su legado no solo hubieran dado forma al refugio, sino también al vínculo que ahora sentía por Miguel.

Miguel, con una mirada suave y sincera, sostuvo la mano de Julián, sin soltarla, y ambos se quedaron allí, bajo el cielo del atardecer, contemplando el refugio que habían creado juntos, y sintiendo que ese lugar era el comienzo de algo mucho más grande: un hogar compartido, un espacio donde el amor que habían dado y recibido se convertiría en un legado duradero, un testimonio de que, aun en medio de las sombras, siempre es posible encontrar una nueva luz.

STRIKING THE BALANCE:

A COMPREHENSIVE GUIDE TO BREASTFEEDING AND CAREER ADVANCEMENT

BECKY C. AUSTIN

TABLE OF CONTENTS

PREFACE

Dear Reader,

Welcome to "Striking the Balance: A Comprehensive Guide to Breastfeeding and Career Advancement." I am honored to embark on this journey with you, as we delve into the intricate world of being a working mom and navigating the complexities of breastfeeding while pursuing professional goals.

The decision to become a mother while maintaining a fulfilling career is an empowering one. It is a testament to the boundless strength and determination that women possess. Yet, we are often faced with the challenge of finding balance and harmony in these dual roles. This book is designed to be your trusted companion as you navigate this extraordinary journey.

I wrote this book with a deep understanding of the joys and struggles that working moms face. Drawing upon my own experiences and the stories of countless inspiring women, I sought to create a comprehensive resource that addresses the multifaceted aspects of breastfeeding and career advancement. My goal is to provide you with practical

strategies, insightful guidance, and heartfelt encouragement
to help you thrive in both your personal and professional
life.

"Striking the Balance" is more than just a book; it is a tribute
to the remarkable resilience and strength of working
mothers. It recognizes the unique challenges we encounter,
from the early days of breastfeeding to managing pumping
schedules, from advocating for our rights in the workplace
to finding ways to nurture our own well-being.

In the pages that follow, you will find a wealth of
information, advice, and personal narratives that will inspire
and empower you. We will explore the benefits of
breastfeeding, address common concerns and
misconceptions, delve into legal protections and resources,
and guide you through the practicalities of maternity leave
and returning to work.

We will discuss strategies for creating a supportive work
environment, managing time and priorities, and advocating
for your needs. We will tackle the challenges of traveling,
attending business meetings and conferences, and finding
the balance between work commitments and the needs of
your baby.

Importantly, this book aims to nourish your emotional well-being, addressing self-care, dealing with mom guilt, and finding harmony between your personal and professional spheres. We will explore career advancement strategies, negotiation techniques, and the stories of successful breastfeeding working moms who have blazed their own trails.

As you read through these pages, I encourage you to approach this book as a guide that you can adapt to your unique circumstances and aspirations. Take what resonates with you, apply it to your own life, and leave behind what does not align with your values and goals. Trust your intuition and embrace the beautiful journey that lies ahead.

Lastly, I want to express my deep gratitude to all the working moms who have shared their stories and wisdom. Your experiences have shaped the fabric of this book, making it richer, more diverse, and more empowering. Together, we form a vibrant community of strong, dedicated women, and I am humbled to be a part of it.

It is my sincere hope that "Striking the Balance" will provide you with guidance, inspiration, and a renewed sense of confidence as you navigate the beautiful complexities of being a breastfeeding working mom. Together, let us embark on this transformative journey and empower one another to embrace our unique paths with grace and determination.

CHAPTER 1:INTRODUCTION: THE JOURNEY OF A WORKING MOTHER

The moment a woman becomes a mother, her life undergoes a profound transformation. Suddenly, she finds herself navigating the beautiful yet intricate path of motherhood while simultaneously pursuing her professional aspirations. For working mothers who choose to breastfeed, this journey becomes even more intricate as they strive to strike a delicate balance between breastfeeding their babies and advancing their careers.

The purpose of this book, "Striking the Balance: A Comprehensive Guide to Breastfeeding and Career Advancement," is to provide working mothers with the knowledge, tools, and support they need to successfully navigate the realms of breastfeeding and career growth. It acknowledges the unique challenges faced by working moms, celebrates their dedication, and offers practical strategies to help them flourish in both domains.

This book is not just a manual or a set of instructions; it is a heartfelt companion on the journey of a working mother. It aims to empower and inspire, to validate the experiences of breastfeeding working moms, and to offer guidance for overcoming obstacles. It is a testament to the belief that breastfeeding and career advancement are not mutually exclusive, but rather can coexist harmoniously with the right knowledge and approach.

Throughout the chapters of this book, we will explore a variety of topics essential to finding balance. From understanding the benefits of breastfeeding for working moms and navigating legal rights and resources, to practical tips on pumping and storing breast milk at work, time management, and maintaining emotional well-being, we will leave no stone unturned. We will delve into the challenges faced when traveling or attending business meetings, discuss strategies for nurturing a supportive work environment, and provide insights on career advancement while breastfeeding.

Importantly, this book is not solely about theories and advice; it is also about real stories from successful breastfeeding working moms who have traversed this path. Their personal narratives will provide inspiration, lessons learned, and valuable tips for readers to apply in their own lives. By sharing these stories, we hope to foster a sense of community, connection, and encouragement among working mothers.

As you embark on this comprehensive guide, remember that you are not alone. Countless mothers before you have faced similar challenges, and by sharing their wisdom, we aim to create a collective support system. This book is designed to be a companion that will offer guidance, reassurance, and practical solutions, empowering you to thrive as a breastfeeding working mother.

So, let us begin this journey together. By embracing the insights and strategies within these pages, you will gain the confidence and knowledge needed to nurture your baby while advancing your career. Together, we will discover the art of striking the balance, honoring the joys of motherhood and the fulfillment of professional growth.

Exploring the Challenges and Rewards of Balancing Breastfeeding and Career Advancement

Balancing the demands of breastfeeding and career advancement is a journey filled with both challenges and rewards. It requires dedication, resilience, and a willingness to navigate the complexities of two significant aspects of life

simultaneously. Understanding the challenges and rewards
inherent in this delicate balance is crucial for working
mothers embarking on this path.

One of the foremost challenges faced by breastfeeding
working mothers is the need to allocate time and energy
effectively. Breastfeeding is a time-consuming commitment,
requiring regular nursing or pumping sessions throughout
the day. Juggling these demands alongside a career can be
daunting. Finding the right rhythm to accommodate both
breastfeeding and work responsibilities may require careful
planning, time management skills, and a supportive work
environment.

Another challenge lies in the physical and emotional toll that
breastfeeding can sometimes take. The exhaustion and sleep
deprivation that often accompany the early months of
motherhood can impact a mother's ability to perform
optimally in the workplace. Moreover, dealing with
breastfeeding-related discomfort or challenges, such as
engorgement or latching issues, can add additional stress to
an already demanding schedule.

Career advancement can also present challenges for
breastfeeding working mothers. The pressure to meet

professional goals, compete in the workplace, and maintain a sense of ambition may sometimes conflict with the time and energy needed for breastfeeding. Balancing the desire for career growth with the commitment to breastfeeding can create internal conflicts and feelings of guilt or frustration.

Despite these challenges, the rewards of successfully balancing breastfeeding and career advancement are abundant. One of the most significant rewards is the deep bond forged between a mother and her baby through breastfeeding. Breastfeeding provides an opportunity for nurturing, closeness, and a special connection that cannot be replicated. It promotes the physical and emotional well-being of both mother and child, fostering a sense of fulfillment and joy.

Beyond the emotional rewards, breastfeeding also offers numerous health benefits for both the mother and the baby. Breast milk provides optimal nutrition and essential antibodies, boosting the baby's immune system and reducing the risk of various illnesses. For the mother, breastfeeding can contribute to postpartum recovery, reducing the risk of certain diseases, and even promoting weight loss.

Balancing breastfeeding and career advancement can also enhance personal growth and self-confidence. Successfully navigating the challenges of managing both roles simultaneously can instill a sense of resilience and resourcefulness. Working mothers who are able to strike the balance often develop excellent time management skills, effective communication abilities, and adaptability, all of which are valuable traits in both personal and professional spheres.

Moreover, when organizations support breastfeeding working mothers, they often experience positive outcomes as well. Companies that prioritize and accommodate breastfeeding in the workplace tend to have higher employee satisfaction, increased loyalty, and improved retention rates. Embracing a breastfeeding-friendly culture can contribute to a more inclusive and supportive work environment, benefiting the overall well-being and productivity of the workforce.

In conclusion, the journey of balancing breastfeeding and career advancement is not without its challenges, but the rewards are immeasurable. Navigating this path requires careful planning, resilience, and support from various stakeholders, including employers, colleagues, and family members. By understanding the challenges and embracing the rewards, working mothers can embark on this journey with confidence, knowing that they are not alone and that their commitment to both breastfeeding and career advancement is commendable.

Setting the Stage for the Practical Strategies and Solutions Ahead

As we delve into the practical strategies and solutions for balancing breastfeeding and career advancement, it is essential to set the stage and establish a solid foundation for the journey ahead. This stage-setting phase will provide the necessary framework and mindset to embrace the practical guidance that will follow.

First and foremost, it is crucial to recognize that every breastfeeding working mother's journey is unique. Each woman faces her own set of circumstances, challenges, and aspirations. This book aims to provide a comprehensive guide that acknowledges the diversity of experiences and offers a range of strategies to suit various situations. It is important to approach the forthcoming practical advice with an open mind and adapt it to your specific needs.

Next, cultivating a positive mindset is key. Balancing breastfeeding and career advancement requires a mindset that embraces possibility, resilience, and self-compassion. Recognize that challenges may arise along the way, but also acknowledge your ability to overcome them. Believe in your capacity to navigate this path successfully and celebrate each step forward, no matter how small. A positive mindset will empower you to tackle obstacles and maintain motivation throughout your journey.

Another crucial aspect of setting the stage is building a support network. Surround yourself with individuals who understand and support your desire to breastfeed while pursuing career goals. Seek out fellow working mothers, support groups, or online communities that can provide guidance, empathy, and a sense of camaraderie. Remember, you are not alone in this journey, and a strong support system can make all the difference in your success.

Additionally, it is essential to familiarize yourself with your legal rights and available resources. Understand the laws and regulations that protect breastfeeding working mothers in your country or region. Familiarize yourself with the accommodations and benefits provided by your employer, such as designated lactation rooms or flexible work arrangements. Being knowledgeable about your rights and available resources will empower you to advocate for yourself and make informed decisions regarding your breastfeeding and career goals.

Lastly, setting realistic expectations is crucial. Balancing breastfeeding and career advancement is a continuous process that evolves as your baby grows, your career progresses, and life circumstances change. It is important to acknowledge that finding the perfect balance every single day may not always be feasible. Embrace the concept of flexibility and learn to adapt to the ebb and flow of life as a breastfeeding working mother. Remember that small steps and incremental progress are still valuable achievements.

With the stage now set, you are ready to embark on the practical strategies and solutions outlined in this book. Each chapter will provide tangible guidance, actionable steps, and insights from experienced breastfeeding working mothers. These practical tools and techniques will empower you to find a harmonious balance between breastfeeding and career advancement, enabling you to nourish your baby and achieve professional growth.

By approaching the forthcoming strategies with an open mind, a positive mindset, a supportive network, knowledge of your rights, and realistic expectations, you are well-equipped to embrace the transformative journey ahead. The stage is set, and the path is clear. Let us now venture forth together, armed with practical solutions and unwavering determination, as we navigate the intricate terrain of balancing breastfeeding and career advancement.

CHAPTER 2: THE BENEFITS OF BREASTFEEDING FOR WORKING MOMS

Breastfeeding offers a multitude of benefits for both babies and mothers, and these benefits extend to working moms who choose to breastfeed while pursuing their careers. Despite the challenges that balancing breastfeeding and work may present, the advantages make the effort worthwhile.

Let's explore the significant benefits of breastfeeding for working mothers:

1. Nutritional Superiority: Breast milk is uniquely tailored to meet a baby's nutritional needs. It provides essential nutrients, antibodies, enzymes, and hormones that support optimal growth and development. By breastfeeding, working moms can ensure that their babies receive the best possible nutrition, even when they are away at work.

2. Immune System Boost: Breast milk contains antibodies that help protect babies against infections, allergies, and illnesses. This boost to the immune system is particularly beneficial for babies in daycare or other group settings where exposure to germs is common. Working moms who breastfeed can provide their babies with added protection against common childhood illnesses.

3. Convenience and Cost-Effectiveness: Breastfeeding is a natural, portable food source that requires no preparation or equipment. Working moms can conveniently provide nourishment to their babies wherever they are, without the need for bottles, formula, or sterilization. Breastfeeding also eliminates the ongoing cost of purchasing formula, saving money over time.

4. Bonding and Emotional Connection: Breastfeeding fosters a unique bond between a mother and her baby. The skin-to-skin contact, eye contact, and closeness during breastfeeding enhance the emotional connection between a working mother and her child. This bonding experience is a cherished aspect of motherhood and can provide comfort and reassurance to both baby and mom.

5. Postpartum Recovery: Breastfeeding triggers the release of hormones that aid in postpartum recovery. It helps the uterus return to its pre-pregnancy size more quickly and reduces the risk of postpartum bleeding. For working moms,

this can contribute to a smoother transition back to work
and promote overall physical well-being.

6. Weight Management: Breastfeeding stimulates the body
to burn calories, aiding in postpartum weight loss. For
working moms, this can be an added benefit in regaining
their pre-pregnancy shape and boosting their
self-confidence.

7. Reduced Risk of Chronic Diseases: Breastfeeding has
long-term health benefits for both mothers and babies. For
working moms, it can help reduce the risk of developing
certain diseases later in life, such as breast cancer, ovarian
cancer, type 2 diabetes, and cardiovascular diseases.

8. Enhanced Maternal Well-being: Breastfeeding triggers
the release of hormones that promote feelings of calmness
and well-being in mothers. This can be particularly
beneficial for working moms who may experience stress or
emotional challenges associated with balancing work and
family responsibilities.

9. Employer and Workplace Benefits: Employers who
support breastfeeding working mothers often experience
positive outcomes. Accommodating breastfeeding in the

workplace, such as providing lactation rooms or flexible work arrangements, can contribute to higher employee satisfaction, improved retention rates, and a more inclusive and supportive work environment.

10. Environmental Sustainability: Breastfeeding is a sustainable and eco-friendly choice. It reduces the carbon footprint associated with formula production, packaging, and waste. Working moms who breastfeed can contribute to a healthier planet for future generations.

The benefits of breastfeeding for working moms are vast and impactful. By embracing breastfeeding as part of their journey, working mothers can provide their babies with optimal nutrition and health benefits while nurturing a strong emotional bond. Simultaneously, they can experience personal well-being, convenience, cost savings, and even positive workplace outcomes. Breastfeeding offers a remarkable set of advantages that empower working moms to thrive in both their professional and maternal roles.

Highlighting the Advantages of Breastfeeding for Both Mother and Baby

Breastfeeding is a remarkable journey that offers a multitude of advantages for both mother and baby. From providing optimal nutrition to fostering emotional bonds, breastfeeding is a powerful tool that enhances the health and well-being of both individuals.

Let's explore the significant advantages of breastfeeding for both mother and baby:

Advantages for the Baby:

1. Optimal Nutrition: Breast milk is the perfect food for newborns and infants, as it contains a unique blend of nutrients that are specifically tailored to their needs. It provides a balanced combination of proteins, carbohydrates, fats, vitamins, and minerals, ensuring optimal growth and development.

2. Immune System Support: Breast milk is rich in antibodies, enzymes, and white blood cells that help protect babies against infections, allergies, and illnesses. The antibodies passed from the mother to the baby through breast milk provide passive immunity and boost the baby's immune system, reducing the risk of various diseases.

3. Digestive Health: Breast milk is easily digested, allowing the baby's immature digestive system to process it efficiently. Breastfeeding is associated with a lower incidence of digestive problems, such as constipation and diarrhea, as well as a reduced risk of conditions like gastroenteritis and colic.

4. Cognitive and Developmental Benefits: Studies have shown that breastfeeding is associated with enhanced cognitive development and improved intellectual and emotional outcomes in children. Breast milk contains essential fatty acids, such as DHA, which are crucial for brain development and visual acuity.

5. Allergies and Asthma: Breastfeeding has been linked to a reduced risk of allergies, asthma, and eczema in children. The immunological properties of breast milk help protect against allergic reactions and inflammatory conditions, providing added protection to babies.

6. Reduced Risk of Chronic Diseases: Breastfeeding is associated with a decreased risk of various chronic diseases later in life, including obesity, type 2 diabetes, certain cancers, and cardiovascular diseases. The long-term health benefits of breastfeeding for babies are significant and extend well beyond infancy.

Advantages for the Mother:

1. Postpartum Recovery: Breastfeeding triggers the release of hormones that promote postpartum recovery. It helps the uterus return to its pre-pregnancy size more quickly, reduces postpartum bleeding, and aids in weight loss. Breastfeeding also reduces the risk of postpartum depression and promotes emotional well-being.

2. Bonding and Emotional Connection: Breastfeeding fosters a unique bond between mother and baby. The skin-to-skin contact, eye contact, and nurturing interaction during breastfeeding strengthen the emotional connection between the two. This bonding experience provides a sense of comfort, security, and reassurance for both mother and baby.

3. Reduced Risk of Certain Diseases: Breastfeeding has been associated with a decreased risk of breast cancer, ovarian cancer, type 2 diabetes, and cardiovascular diseases in mothers. The longer a woman breastfeeds in her lifetime,

the greater the potential protective effect against these
diseases.

4. Convenient and Cost-Effective: Breastfeeding is a
portable and readily available food source for babies,
requiring no preparation or equipment. It eliminates the
need for purchasing formula, bottles, and sterilization
equipment, resulting in cost savings. Breastfeeding also
offers convenience, as mothers can provide nourishment to
their babies anytime and anywhere.

5. Natural Birth Control: Exclusive breastfeeding, known
as lactational amenorrhea, can act as a natural form of
contraception for some women during the first six months
after childbirth. This method provides a natural and
hormone-free option for birth control while breastfeeding.

6. Environmental Sustainability: Breastfeeding is an
environmentally sustainable choice. It eliminates the carbon
footprint associated with formula production, packaging,
and waste. By breastfeeding, mothers contribute to a
healthier planet for future generations.

The advantages of breastfeeding

for both mother and baby are significant and far-reaching. Breastfeeding provides optimal nutrition, boosts the immune system, supports cognitive development, and reduces the risk of chronic diseases in babies. For mothers, breastfeeding promotes postpartum recovery, emotional bonding, and a reduced risk of certain diseases. It is a convenient, cost-effective, and eco-friendly choice that empowers mothers to nourish their babies while enjoying a range of personal benefits.

Addressing Common Concerns and Misconceptions about Breastfeeding and Working Moms

Breastfeeding and working can sometimes give rise to concerns and misconceptions that may cause doubt or uncertainty for working moms. Addressing these common concerns and debunking misconceptions is crucial in providing accurate information and empowering working moms to navigate their breastfeeding journey with confidence. Let's address some of these concerns and misconceptions:

1. Insufficient Milk Supply: One common concern is the fear of not having enough milk to meet the baby's needs while working. However, most women are capable of producing an adequate milk supply, even when they return to work. By establishing a breastfeeding routine, ensuring proper hydration and nutrition, and using effective pumping techniques, working moms can maintain a healthy milk supply. It's important to remember that breasts work on a supply and demand basis, so regular breastfeeding or pumping sessions stimulate milk production.

2. Difficulty Balancing Work and Pumping: Many working moms worry about finding time and privacy to pump milk during work hours. However, legal protections and workplace accommodations exist to support breastfeeding mothers. Employers are often required to provide designated lactation rooms and reasonable break times for pumping. With proper planning, communication with supervisors, and utilizing tools like double electric breast pumps, working moms can integrate pumping sessions into their workday successfully.

3. Perception of Decreased Productivity: Some working moms fear that taking breaks for breastfeeding or pumping may negatively impact their productivity or professional image. However, studies have shown that providing breastfeeding support in the workplace leads to higher employee satisfaction, increased loyalty, and improved retention rates. Taking short breaks for pumping can actually enhance productivity by promoting overall well-being and reducing stress levels.

4. Weaning Earlier than Desired: Working moms may worry that they will have to wean their babies earlier than desired due to the demands of their careers. However, with proper planning and support, it is possible to continue breastfeeding even when returning to work. Breastfeeding can be maintained by pumping and storing breast milk for the baby to consume while the mother is away. Additionally, nursing sessions can be preserved by breastfeeding during mornings, evenings, and weekends.

5. Limited Support from Employers and Colleagues: Concerns about a lack of support from employers and colleagues can be addressed by fostering open communication and advocating for breastfeeding rights. Sharing information about the benefits of breastfeeding, explaining the accommodations needed, and engaging in discussions about creating a supportive work environment can help educate others and garner the necessary support.

6. Impact on Career Advancement: Another misconception is that breastfeeding may hinder career advancement. However, many successful working mothers have navigated the challenges of breastfeeding and career growth simultaneously. By effectively managing time, setting boundaries, and seeking support, working moms can achieve their breastfeeding goals while excelling in their careers.

7. Inconvenience and Lifestyle Constraints: Some women may view breastfeeding as an inconvenience due to the perceived restrictions it imposes on their lifestyle. However, advancements in breastfeeding-friendly products and workplace accommodations have made it easier for working moms to integrate breastfeeding into their daily routines. With the right tools, such as breast pumps, nursing bras, and milk storage systems, breastfeeding can become more manageable and adaptable to various settings.

It is important to recognize that every breastfeeding journey is unique, and challenges may arise. However, by addressing common concerns, debunking misconceptions, seeking support, and staying informed, working moms can confidently embrace the benefits of breastfeeding while pursuing their careers. Remember, with proper planning, effective communication, and a positive mindset, it is possible to navigate the demands of breastfeeding and work, ensuring the best outcomes for both mother and baby.

CHAPTER 3: UNDERSTANDING YOUR RIGHTS AND RESOURCES AS A BREASTFEEDING WORKING MOM

As a breastfeeding working mom, it is crucial to be aware of your rights and available resources to ensure a supportive and accommodating environment for both breastfeeding and career advancement. Understanding the legal protections in place and the resources available to you can empower you to navigate your breastfeeding journey with confidence.

Here are key aspects to consider:

1. Legal Rights: Familiarize yourself with the laws and regulations that protect breastfeeding working mothers in your country or region. Many jurisdictions have laws that provide rights related to breastfeeding, including provisions for break times and appropriate facilities for pumping or expressing milk at the workplace. Research and understand the specific legal protections that apply to you, including any mandated accommodations, duration of protection, and related employer obligations.

2. Workplace Accommodations: Explore the accommodations and support available in your workplace. Communicate with your employer or human resources department to discuss your needs and identify any existing policies or resources. Many employers are committed to creating breastfeeding-friendly environments and may provide designated lactation rooms, flexible work arrangements, and supportive policies that facilitate breastfeeding while working. Understanding and utilizing these accommodations can make your breastfeeding journey more manageable.

3. Lactation Support Programs: Investigate whether your workplace offers lactation support programs. Some employers provide access to lactation consultants, breastfeeding education, and support groups. These programs can offer valuable guidance, address concerns, and provide assistance in establishing and maintaining breastfeeding routines. Take advantage of these resources to enhance your breastfeeding experience and overcome any challenges you may encounter.

4. Networking and Support Groups: Seek out networking opportunities and support groups for breastfeeding working moms. Connecting with other women who are navigating similar experiences can be immensely helpful. Online communities, local support groups, or professional associations dedicated to supporting breastfeeding working mothers can provide a wealth of knowledge, shared experiences, and emotional support. Engaging with these networks can help you gain insights, tips, and encouragement as you balance breastfeeding and career advancement.

5. Professional Associations and Advocacy Groups: Investigate professional associations and advocacy groups focused on breastfeeding and working moms. These organizations often provide resources, guidance, and information on breastfeeding rights, workplace support, and best practices. They may also offer educational materials, webinars, or conferences that can further your knowledge and provide valuable insights into successfully balancing breastfeeding and career goals.

6. Employee Assistance Programs (EAP): Employee assistance programs, commonly offered by employers, provide various resources and support services to employees. These programs may include access to counseling services, work-life balance resources, and lactation support. Familiarize yourself with the offerings of your company's

EAP and utilize these resources as needed to address any challenges or concerns you may face.

7. Healthcare Providers and Lactation Consultants: Consult with your healthcare provider and consider seeking the expertise of a lactation consultant. Healthcare professionals can offer personalized guidance, address specific concerns, and provide advice tailored to your individual circumstances. Lactation consultants specialize in supporting breastfeeding mothers and can offer practical strategies, troubleshooting, and reassurance throughout your breastfeeding journey.

By understanding your rights as a breastfeeding working mom and exploring the resources available to you, you can proactively create a supportive environment that enables successful breastfeeding while advancing in your career. Taking advantage of workplace accommodations, support programs, networking opportunities, and professional resources can significantly contribute to a positive and empowering breastfeeding experience. Remember, you have the right to breastfeed your baby and pursue your career goals, and there are resources and support systems in place to help you achieve both.

Navigating Legal Protections and Accommodations for Breastfeeding in the Workplace

Breastfeeding working mothers are protected by various laws and regulations that ensure their rights to breastfeed and express milk in the workplace. Understanding these legal protections and knowing how to navigate them is essential for advocating for your needs and creating a supportive environment. Here are key points to consider when navigating legal protections and accommodations for breastfeeding in the workplace:

1. Familiarize Yourself with Applicable Laws: Start by researching the laws and regulations related to breastfeeding in your country, state, or region. These laws vary, so it's important to understand the specific protections afforded to breastfeeding working mothers in your jurisdiction. Common legal protections include provisions for break times and appropriate facilities for expressing milk.

2. Know Your Rights: Educate yourself about your rights as a breastfeeding working mother. Familiarize yourself with the specific provisions outlined in the laws that protect your right to breastfeed or express milk at work. Be aware of your entitlement to reasonable break times for expressing milk, as well as the requirements for suitable lactation facilities, such as private rooms with seating, electrical outlets, and access to refrigeration for storing expressed milk.

3. Review Your Employer's Policies: Review your employer's policies related to breastfeeding and expressing milk at work. These policies may be outlined in the employee handbook or available through the human resources department. Understanding your employer's policies can help you determine what accommodations are already in place and identify any additional steps you need to take to ensure your needs are met.

4. Communicate with Your Employer: Open and honest communication with your employer is key. Once you are aware of your rights and your employer's policies, initiate a conversation with your supervisor, human resources representative, or a designated point of contact. Clearly express your intention to continue breastfeeding and discuss your specific needs, such as break times for pumping and access to a suitable lactation room. Providing this information allows your employer to understand your requirements and work towards accommodating them.

5. Request Reasonable Accommodations: If your employer's policies do not meet the legal requirements or if you encounter any challenges in accessing suitable accommodations, it is important to advocate for yourself. Request reasonable accommodations that align with the legal protections in place. Be prepared to provide information about your rights as a breastfeeding working mother and offer suggestions for how your employer can meet these requirements, such as designating a private room as a lactation space or establishing a flexible break schedule.

6. Document Your Requests and Interactions: Keep a record of all communication with your employer regarding breastfeeding accommodations. This includes documenting any requests made, responses received, and any actions taken to address your needs. This documentation can be helpful in case of any disputes or if further action needs to be taken to ensure compliance with the law.

7. Seek Support from Lactation Consultants or Legal Professionals: If you encounter challenges or feel that your rights are not being adequately addressed, consider seeking support from professionals. Lactation consultants can offer guidance on navigating workplace accommodations and provide strategies for expressing milk effectively while working. If necessary, consult with legal professionals who specialize in employment law or workplace rights to explore further options and ensure your rights are protected.

Remember, the laws and regulations surrounding breastfeeding in the workplace are designed to support and protect your rights as a breastfeeding working mother. By understanding these legal protections, advocating for yourself, and communicating effectively with your employer, you can create an environment that enables you to successfully balance breastfeeding and your career.

Identifying Local Resources and Support Networks for Breastfeeding Working Moms

As a breastfeeding working mom, it is valuable to identify local resources and support networks that can provide guidance, information, and emotional support throughout your breastfeeding journey. Connecting with local resources and networks can help you navigate challenges, gain knowledge, and find a community of like-minded individuals.

Here are some ways to identify and utilize local resources and support networks:

1. Healthcare Providers: Start by reaching out to your healthcare providers, such as your obstetrician, pediatrician, or family doctor. They can offer valuable information and resources specific to your local area. Inquire about local lactation consultants, breastfeeding support groups, or classes available in your community. Healthcare providers often have connections with local organizations and can provide recommendations tailored to your needs.

2. Lactation Consultants: Seek out certified lactation consultants in your area. Lactation consultants are trained professionals who specialize in supporting breastfeeding mothers. They can offer one-on-one guidance, address specific breastfeeding concerns, and provide practical solutions. Lactation consultants can also help you navigate the challenges of balancing breastfeeding and work, offering advice on pumping techniques, milk storage, and maintaining milk supply.

3. Local Breastfeeding Support Groups: Look for local breastfeeding support groups or organizations that cater to working moms. These groups provide a platform for connecting with other breastfeeding mothers who are also navigating the challenges of balancing work and breastfeeding. These gatherings often offer a safe and supportive environment to share experiences, seek advice, and receive encouragement. Support groups can provide a wealth of knowledge and resources specific to your local community.

4. Workplace Support Programs: Inquire about workplace support programs for breastfeeding mothers. Some companies or organizations have established programs or initiatives to support breastfeeding employees. These programs may offer resources, educational materials, access to lactation consultants, and guidance on navigating workplace accommodations. Connect with your human resources department or employee assistance programs to inquire about available support for breastfeeding working moms.

5. Online Communities: Explore online communities and forums dedicated to breastfeeding working moms. Online platforms provide a convenient way to connect with a wide network of individuals who share similar experiences. Joining online communities allows you to seek advice, share stories, and gain insights from a diverse range of perspectives. Look for reputable breastfeeding websites, social media groups, or forums that focus on working moms and breastfeeding support.

6. Local Parenting and Family Resource Centers:
Research local parenting and family resource centers in your
area. These centers often offer a variety of resources and
support services for new parents, including breastfeeding
support. They may host workshops, classes, or support
groups specifically tailored to working moms. These centers
can provide information on local resources, connect you
with lactation consultants or support groups, and offer a
space to meet and connect with other parents.

**7. Professional Associations and Non-Profit
Organizations**: Explore professional associations or
non-profit organizations related to breastfeeding and
parenting in your area. These organizations often provide
educational materials, resources, and support for
breastfeeding working moms. They may offer workshops,
webinars, or conferences that focus on breastfeeding in the
workplace. Stay updated on their events and activities to
take advantage of networking opportunities and access to
local resources.

By proactively identifying local resources and support
networks, you can tap into a wealth of knowledge, guidance,
and emotional support as you navigate the demands of

breastfeeding and work. Connecting with lactation consultants, support groups, healthcare providers, workplace programs, online communities, and local organizations ensures that you have access to a supportive network that understands your unique challenges and can provide valuable assistance along your breastfeeding journey.

CHAPTER 4: PLANNING AHEAD: PREPARING FOR MATERNITY LEAVE AND RETURN TO WORK

One of the key factors in successfully balancing breastfeeding and a career is careful planning and preparation. By taking proactive steps to prepare for maternity leave and the eventual return to work, you can help ensure a smooth transition and maintain your breastfeeding goals. Here are some important considerations and strategies to help you plan ahead:

1. Know Your Rights and Benefits: Familiarize yourself with the maternity leave policies, benefits, and entitlements provided by your employer and mandated by local laws. Understand the duration of maternity leave you are eligible for, whether it is paid or unpaid, and any additional benefits or protections available to you. Knowing your rights will help you make informed decisions and effectively plan your leave.

2. Communicate with Your Employer: Initiate open and transparent communication with your employer as early as possible. Discuss your pregnancy, expected due date, and plans for maternity leave. Understand the process for requesting leave and any required documentation. Share your intention to continue breastfeeding and inquire about workplace accommodations for expressing milk upon your return. Clear communication with your employer will help ensure that expectations are aligned and necessary arrangements can be made.

3. Create a Maternity Leave Plan: Develop a comprehensive maternity leave plan that includes your intended leave duration, coverage arrangements for your work responsibilities, and details regarding breastfeeding and pumping. Identify a point of contact or a temporary replacement who can handle your workload while you are on leave. Share your plan with your supervisor, colleagues, and human resources department to ensure a smooth transition in your absence.

4. Establish a Breastfeeding Routine: Before returning to work, establish a breastfeeding routine that works for you and your baby. Practice pumping and bottle-feeding to familiarize your baby with the process. Gradually introduce expressed breast milk to ensure your baby is comfortable with the transition. By establishing a routine beforehand, you can minimize any potential challenges when you return to work.

5. Research Workplace Accommodations: Investigate the accommodations and resources available to you in the workplace for expressing milk. Familiarize yourself with the laws and policies regarding lactation breaks, designated lactation rooms, and storage options for expressed milk. If necessary, work with your employer to ensure these accommodations are in place before your return. Consider any equipment or supplies you may need, such as a breast pump, storage containers, and a cooler bag.

6. Plan for Milk Storage and Handling: Determine the best approach for storing and handling your expressed breast milk. Research guidelines for safe milk storage and consider investing in appropriate storage containers or bags. Establish a system for labeling and organizing your milk to ensure proper rotation. Discuss any specific requirements or preferences with your childcare provider if you plan to have your baby in daycare or with a caregiver during working hours.

7. Explore Childcare Options: Research and evaluate various childcare options well in advance. Visit potential childcare providers, ask about their experience with breastfed babies, and discuss your specific needs, including feeding schedules and handling expressed milk. Consider factors such as proximity to your workplace, hours of operation, and the provider's support for breastfeeding. By choosing a childcare option that aligns with your breastfeeding goals, you can have peace of mind knowing your baby will be well cared for while you are at work.

8. Develop a Support Network: Seek support from your partner, family, and friends. Discuss your breastfeeding and work plans with them and enlist their help and understanding. Having a strong support network can provide emotional support, practical assistance, and reassurance during this transitional period. Connect with other breastfeeding working moms through support groups or online communities to share experiences, seek advice, and gain valuable insights.

9. Practice Self-Care: Prioritize self-care during this time of transition. Take care of your physical and emotional well-being by getting enough rest, eating nourishing meals, and engaging in activities that bring you joy and relaxation. Balancing breastfeeding and work can be challenging, so it's important to prioritize self-care to maintain your overall health and well-being.

By planning ahead and taking proactive steps, you can prepare yourself for maternity leave and a successful return to work while continuing to meet your breastfeeding goals. With careful consideration, open communication, and support from your employer, loved ones, and resources available, you can navigate this transition with confidence and create a harmonious balance between breastfeeding and your career.

Developing a Comprehensive Maternity Leave Plan

Preparing a comprehensive maternity leave plan is essential for a smooth transition from work to maternity leave and back again. By developing a well-thought-out plan, you can ensure that your responsibilities are properly managed during your absence and that your return to work is as seamless as possible. Here are key considerations for developing a comprehensive maternity leave plan:

1. Understand Your Leave Entitlement: Begin by familiarizing yourself with your employer's policies and local laws regarding maternity leave. Determine the duration of leave you are entitled to, whether it is paid or unpaid, and any additional benefits available to you. This will serve as a foundation for your planning.

2. Determine Your Leave Duration: Decide how long you plan to take for maternity leave. Consider factors such as your personal needs, your baby's well-being, and any financial or practical considerations. Evaluate whether you will take the full leave period available to you or if you plan to return to work earlier or extend your leave if circumstances permit.

3. Communicate with Your Employer: Initiate open and timely communication with your employer regarding your maternity leave plans. Inform them of your pregnancy, expected due date, and the approximate start and end dates of your leave. Check if there are any specific procedures or documentation required for requesting and managing maternity leave within your organization.

4. Identify a Point of Contact: Determine a point of contact or temporary replacement who can handle your work responsibilities during your absence. This individual should be someone you trust and who is capable of managing your tasks and projects. Communicate with them early on, providing relevant information about ongoing projects, deadlines, and any specific instructions they may need.

5. Delegate and Prioritize: Prioritize your workload and delegate tasks that can be handled by others while you are on leave. Create a detailed handover document outlining key responsibilities, ongoing projects, and any necessary background information. Schedule meetings with colleagues or team members to discuss the handover, answer questions, and provide any necessary training or guidance.

6. Set Clear Boundaries: Clearly communicate your availability and preferred methods of communication during your maternity leave. Establish boundaries regarding work-related inquiries, setting expectations for response times and the types of issues that should be escalated to your temporary point of contact. This will help you maintain a proper work-life balance during your time away.

7. Stay Informed: Stay informed about work developments and major updates while you are on leave, but avoid getting too involved in day-to-day operations. Stay connected through occasional check-ins or by designating specific times to receive updates or review important documents. This will allow you to stay informed without becoming overwhelmed by work-related matters.

8. Prepare for a Smooth Return: Use the latter part of your maternity leave to mentally and emotionally prepare for your return to work. Take this time to bond with your baby, focus on self-care, and address any concerns or anxieties you may have about transitioning back to work. Consider gradually transitioning back to work by returning on a part-time basis or arranging for a flexible schedule, if possible.

9. Discuss Breastfeeding and Pumping Needs: If you plan to continue breastfeeding after returning to work, discuss your breastfeeding and pumping needs with your employer. Inquire about lactation support programs, the availability of a designated lactation room, and any policies related to expressing milk at work. Ensure that you have the necessary equipment, such as a breast pump and storage containers, and familiarize yourself with local laws and regulations that protect your rights as a breastfeeding working mother.

10. Seek Support: Reach out to other working moms, support groups, or online communities to gather insights and advice from those who have gone through similar experiences. Seek guidance from lactation consultants or breastfeeding specialists who can provide tips on managing breastfeeding and work. Building a support network can be invaluable in navigating the challenges of balancing breastfeeding and a career.

Remember, each maternity leave plan should be tailored to your unique situation and needs. Be flexible and open to adjustments as circumstances evolve. By developing a comprehensive maternity leave plan, you can alleviate stress, ensure a smooth transition, and focus on enjoying the precious moments with your newborn while maintaining a clear path for your return to work.

Strategizing a Smooth Transition Back to the Workplace

Returning to the workplace after maternity leave can be both exciting and challenging. To ensure a smooth transition, it's important to develop a strategy that allows you to balance your role as a working mom while readjusting to the demands of your job. Here are some key steps to help you strategize a successful return to work:

1. Plan Ahead: Begin planning for your return to work well in advance. Consider factors such as childcare arrangements, commuting logistics, and any necessary adjustments to your work schedule. Evaluate whether a gradual return, starting with reduced hours or part-time work, would be beneficial for easing back into the routine.

2. Communicate with Your Employer: Maintain open and ongoing communication with your employer about your return-to-work plans. Share your expected start date and discuss any flexible work options or accommodations that may be available. It's important to inform your employer of any changes to your circumstances or specific needs related to breastfeeding or pumping at work.

3. Reconnect with Colleagues: Reach out to your colleagues before your return to work to reestablish connections and gather updates on any major developments or changes that have occurred during your absence. Schedule informal meetings or catch-up sessions to get up to speed with important projects or initiatives. This will help you feel more prepared and connected when you officially return.

4. Update Your Skills and Knowledge: If there have been significant updates or advancements in your field during your maternity leave, take the time to refresh your skills and knowledge. Attend relevant webinars, workshops, or conferences, or engage in online courses or self-study to stay up to date with industry trends. This will enhance your confidence and effectiveness as you resume your work responsibilities.

5. Review and Prioritize Tasks: Before returning to work, review any work-related documents, emails, or project files to refresh your memory and reacquaint yourself with ongoing tasks. Prioritize your workload and identify any urgent or time-sensitive assignments that require immediate attention. This will help you effectively manage your responsibilities upon your return.

6. Establish a Supportive Work Environment: Discuss your needs with your employer and colleagues to create a supportive work environment that accommodates your transition back to work. This may involve discussing flexible working hours, remote work options, or access to a lactation room for breastfeeding or pumping. Advocate for the necessary resources and support to help you balance your work and family commitments.

7. Set Realistic Expectations: Adjusting to the demands of work while caring for a newborn can be challenging. Set realistic expectations for yourself and communicate them to your employer and colleagues. Be open about your availability, productivity, and any potential limitations you may experience during this transition period. Setting realistic expectations will help alleviate pressure and ensure a smoother adjustment.

8. Establish a Routine: Establish a new routine that accommodates both your work and family responsibilities. Plan your day, including feeding and pumping schedules, childcare arrangements, and other necessary tasks. Creating a structured routine will help you manage your time effectively and reduce stress as you balance the demands of work and motherhood.

9. Prioritize Self-Care: As you transition back to work, prioritize self-care to maintain your physical and emotional well-being. Take breaks when needed, practice stress management techniques, and engage in activities that recharge you. Remember that taking care of yourself allows you to better care for your baby and excel in your professional role.

10. Seek Support: Reach out to your support network, whether it's family, friends, or fellow working moms, for guidance and encouragement during this transition. Share your experiences, seek advice, and learn from others who have successfully navigated the return-to-work journey. Utilize available resources, such as lactation consultants or breastfeeding support groups, to address any breastfeeding-related challenges you may encounter.

By following these steps and developing a well-thought-out strategy, you can make a smooth transition back to the workplace while successfully balancing your responsibilities as a working mom. Remember to be patient with yourself, seek support when needed, and celebrate the accomplishments of both your professional and personal journeys.

CHAPTER 5: PUMPING AND STORING BREAST MILK AT WORK

For working moms who choose to continue breastfeeding after returning to work, the ability to express and store breast milk is essential. By establishing a pumping routine and implementing proper storage practices, you can ensure that your baby continues to receive the benefits of breast milk even when you are away.

Here are some guidelines for pumping and storing breast milk at work:

1. Know Your Rights and Employer Policies: Familiarize yourself with your legal rights and any workplace policies regarding lactation breaks and accommodations for pumping. Understand the frequency and duration of breaks you are entitled to, as well as the availability of a designated lactation room or other suitable private space for expressing milk.

2. Plan Your Pumping Schedule: Develop a pumping schedule that aligns with your work schedule and your baby's feeding needs. Aim to pump at regular intervals that mimic your baby's feeding times. Communicate your pumping schedule to your employer and colleagues, so they are aware of your availability during those times.

3. Find a Suitable Location: Identify a private and comfortable space in your workplace where you can pump. Ideally, this should be a dedicated lactation room equipped with a comfortable chair, electrical outlets for your breast pump, and a surface for storing and organizing your pumping supplies. If a dedicated lactation room is not available, explore alternative options such as a private office, unused conference room, or a designated area within a restroom that ensures privacy.

4. Invest in a Quality Breast Pump: Select a breast pump that meets your needs and preferences. Choose between electric or manual pumps, considering factors such as efficiency, portability, and noise level. Consult with a lactation consultant or other experienced moms to help you decide on the best option for your specific circumstances.

5. Maintain Proper Hygiene: Practice good hygiene when pumping and handling breast milk. Wash your hands thoroughly before each pumping session. Clean and sanitize your breast pump according to the manufacturer's instructions to prevent contamination. Use sterile breast milk storage containers or bags for collecting and storing expressed milk.

6. Store Milk Properly: Label each container or bag with the date and time of expression. Follow recommended guidelines for storing breast milk, which typically involve refrigeration or freezing. Place freshly expressed milk in a cooler with ice packs if you do not have immediate access to a refrigerator or freezer. Educate yourself on the appropriate storage times for refrigerated and frozen breast milk to ensure optimal freshness and quality.

7. Bring Necessary Supplies: Keep a pumping kit or bag containing all the necessary supplies at your workplace. This may include your breast pump, spare parts, breast milk storage bags or containers, cleaning wipes, and nursing pads. Having these items readily available will make the pumping process more convenient and efficient.

8. Manage Pumping Sessions: Use your pumping sessions as a time to relax and recharge. Find ways to make the experience more comfortable and enjoyable, such as listening to soothing music, reading a book, or looking at pictures or videos of your baby. Relaxation can help stimulate milk flow and increase milk production.

9. Seek Support and Encouragement: Connect with other breastfeeding working moms or join support groups to share experiences, tips, and encouragement. Discuss pumping strategies, challenges, and solutions with like-minded individuals who can provide valuable insights and support.

10. Communicate with Your Employer: Maintain open communication with your employer regarding your pumping needs. Notify them if any adjustments or accommodations are required to facilitate your pumping sessions. Regularly update your employer on your pumping schedule and any changes that may arise.

Remember, pumping and storing breast milk at work may require some adjustments and planning, but with practice, it can become a seamless part of your daily routine. By prioritizing your breastfeeding goals and utilizing the resources available to you, you can successfully provide your baby with the nourishment they need while excelling in your professional role.

Exploring Effective Pumping Techniques and Equipment

When it comes to pumping breast milk at work, understanding and implementing effective pumping techniques can make a significant difference in your pumping sessions' efficiency and comfort. Additionally, selecting the right pumping equipment can contribute to a positive pumping experience.

Here are some considerations for exploring effective pumping techniques and equipment:

1. Find Your Optimal Pumping Technique: Every woman's body and breastfeeding journey are unique, so it's essential to find a pumping technique that works best for you. Experiment with different pumping settings and techniques to discover what yields the most milk for you. Common techniques include:

- **Massage and Warm-up**: Before starting the pumping session, gently massage your breasts to stimulate milk flow. Applying a warm compress or taking a warm shower beforehand can also help enhance milk letdown.

- **Double Pumping**: If possible, utilize a double electric breast pump that allows you to express milk from both breasts simultaneously. Double pumping can save time and potentially increase milk production.

- **Mimic Your Baby's Sucking Pattern**: Adjust the pumping settings to mimic the sucking pattern of your baby. Start with a rapid, light suction to initiate letdown, then switch to a slower, deeper suction for efficient milk extraction.

2. **Ensure a Proper Fit**: Choosing the right breast shield size is crucial for comfortable and effective pumping. Breast shields that are too small or too large may impede milk flow or cause discomfort. Most pumps offer different shield sizes, so measure your nipple diameter and consult the manufacturer's sizing guidelines to select the appropriate size.

3. **Consider Hands-Free Pumping**: Hands-free pumping allows you to multitask or relax during your pumping sessions. Invest in a hands-free pumping bra or pumping bustier that securely holds the breast shields in place, freeing your hands for other activities such as reading, working on a laptop, or simply relaxing.

4. Opt for a High-Quality Breast Pump: Investing in a high-quality breast pump can significantly impact your pumping experience. Electric breast pumps are generally more efficient and powerful than manual pumps, making them a popular choice for working moms. Consider factors such as suction strength, speed settings, noise level, portability, and ease of use when selecting a breast pump that aligns with your needs and preferences.

5. Explore Pumping Accessories: There are various pumping accessories available that can enhance your pumping sessions and make them more convenient. Some examples include:

- **Breast Pump Bags**: These specially designed bags make it easy to transport your breast pump and accessories to and from work. Look for bags with compartments for organized storage and insulation to keep expressed milk cool during transport.

- **Extra Pumping Parts**: Having spare parts such as valves, membranes, and tubing on hand can be useful in case of wear and tear or unexpected malfunctions. It's advisable to replace these parts periodically to maintain optimal pump performance.

- Breast Milk Storage Bags or Containers: High-quality breast milk storage bags or containers are essential for safely storing your expressed milk. Look for options that are pre-sterilized, leak-proof, and freezer-safe. Consider bags or containers with measurement markings for accurate portioning.

6. Maintain Pump Hygiene: Cleanliness is vital for ensuring the safety and quality of expressed breast milk. Follow the manufacturer's instructions for cleaning and sanitizing your breast pump after each use. Additionally, practice good hand hygiene before handling pump parts or expressing milk.

7. Stay Consistent and Patient: Consistency is key to establishing and maintaining a good milk supply. Aim to pump at regular intervals, ideally replicating your baby's feeding schedule as closely as possible. It's normal for the amount of expressed milk to fluctuate, so be patient and trust your body's ability to produce milk in response to demand.

8. Seek Support and Guidance: If you encounter challenges or have questions about pumping techniques or equipment, don't hesitate to seek support from lactation consultants, breastfeeding support groups, or experienced moms. They can provide valuable insights, tips, and encouragement to help you navigate the pumping journey successfully.

Remember, finding the most effective pumping techniques and equipment may require some trial and error. Stay attuned to your body's signals, be patient with the process, and make adjustments as needed to optimize your pumping experience and ensure a steady milk supply for your baby.

Creating a Conducive Environment for Expressing and Storing Breast Milk at Work

To ensure a successful and comfortable pumping experience at work, it's essential to create a conducive environment that supports your breastfeeding journey. By advocating for your needs and implementing strategies to accommodate expressing and storing breast milk, you can establish a positive and supportive work environment.

Here are some steps to create a conducive environment for expressing and storing breast milk at work:

1. Understand Your Rights: Familiarize yourself with the laws and regulations related to breastfeeding and pumping in your country or region. Understand your rights as a working mother, including the entitlement to reasonable break times and a private space for expressing milk.

2. Communicate with Your Employer: Initiate an open and honest conversation with your employer or supervisor about your breastfeeding and pumping needs. Explain the importance of expressing milk for both your baby's health and your ability to focus on your work responsibilities. Discuss any accommodations or support you may require, such as breaks for pumping or access to a designated lactation room.

3. Identify a Suitable Pumping Space: Work with your employer to identify a suitable and private space for expressing milk. Ideally, this space should be a designated lactation room with a comfortable chair, electrical outlets for your breast pump, and a sink for cleaning pump parts. Advocate for the space to be clean, well-maintained, and equipped with a lock or sign to ensure privacy while you pump.

4. Establish a Pumping Schedule: Create a pumping schedule that aligns with your work routine and your baby's feeding schedule. Share your pumping schedule with your employer and colleagues, so they are aware of your availability and can respect your dedicated pumping times. Consistency in your pumping schedule can help maintain milk supply and make it easier to plan your work tasks around your pumping breaks.

5. Educate Colleagues: Raise awareness and educate your colleagues about the importance of breastfeeding and pumping. Share information about the benefits of breast milk for babies and the challenges working moms may face in balancing work and breastfeeding. Creating a supportive and understanding workplace culture will foster an environment where colleagues respect and accommodate your pumping needs.

6. Access to Storage Facilities: Ensure that there are adequate facilities for storing expressed breast milk at your workplace. This may include access to a refrigerator or freezer specifically designated for storing breast milk. Advocate for proper labeling and organization to prevent any confusion or mix-ups with other items in the shared storage space.

7. Advocate for Supportive Policies: Collaborate with your employer to implement supportive policies and practices related to breastfeeding and pumping. This may include policies on lactation breaks, flexible work arrangements, or remote work options. Encourage your employer to provide resources and support for working parents, such as access to lactation consultants or information on breastfeeding support groups.

8. Raise Awareness through Training: Organize or request training sessions or workshops for supervisors and colleagues to raise awareness about breastfeeding and pumping in the workplace. These sessions can address common misconceptions, emphasize the legal rights of working mothers, and promote a supportive and inclusive work culture.

9. Seek Peer Support: Connect with other breastfeeding working mothers in your workplace or join local breastfeeding support groups. Sharing experiences, tips, and advice can provide a sense of camaraderie and solidarity. Collaborate with fellow working moms to address any challenges or concerns related to expressing and storing breast milk at work.

10. Regularly Evaluate and Adjust: Regularly evaluate the effectiveness of the pumping environment and your pumping routine. If any issues arise, communicate them with your employer and work together to find solutions. Be proactive in addressing any barriers or challenges that may hinder your ability to comfortably express and store breast milk at work.

By creating a conducive environment for expressing and storing breast milk at work, you can optimize your pumping experience and maintain your breastfeeding goals. Remember, open communication, education, and advocacy are key components in establishing a supportive workplace culture that recognizes the importance of breastfeeding for working mothers.

CHAPTER 6: TIME MANAGEMENT AND ORGANIZATION FOR BALANCING BREASTFEEDING AND CAREER ADVANCEMENT

Balancing breastfeeding and a career requires effective time management and organization skills. Juggling work responsibilities, pumping sessions, and caring for your baby can be challenging, but with proper planning and organization, you can navigate both worlds successfully. Here are some strategies for time management and organization:

1. Prioritize and Set Goals: Identify your priorities and set clear goals for both your professional and breastfeeding journey. Understand what is most important to you and focus your time and energy accordingly. This will help you allocate your resources effectively and avoid getting overwhelmed.

2. Create a Schedule: Develop a schedule that outlines your work hours, pumping sessions, and other commitments. Plan your day, week, and month in advance, considering deadlines, meetings, and any other significant events. Utilize digital calendars, planners, or mobile apps to keep track of your schedule and set reminders for important tasks.

3. Optimize Commute Time: If you have a commute to work, consider ways to maximize that time. You can listen to educational podcasts, audiobooks, or use voice-to-text tools to dictate work-related tasks or even journal about your breastfeeding journey. Use this time productively to accomplish small tasks or engage in self-care activities.

4. Delegate and Outsource: Learn to delegate tasks both at work and at home. Identify tasks that can be done by others, whether it's colleagues, family members, or hired help. Share responsibilities with your partner, if possible, and seek support from family and friends. Outsourcing tasks like housecleaning, meal preparation, or childcare can free up time and energy for other priorities.

5. Efficiently Manage Work Hours: Optimize your work hours by being organized and focused. Minimize distractions, set specific goals for each workday, and break down larger tasks into manageable chunks. Prioritize your most important and time-sensitive tasks, and consider using time management techniques such as the Pomodoro Technique (working in focused intervals with short breaks) to enhance productivity.

6. Streamline Pumping Sessions: Make the most of your pumping sessions by being organized and efficient. Set up your pumping area with all necessary supplies in advance. Keep your pump, storage bags or containers, and cleaning supplies easily accessible. Use hands-free pumping bras or bustiers to enable multitasking during pumping sessions. Utilize any available downtime during pumping to catch up on work-related tasks or engage in self-care activities.

7. Take Advantage of Breaks: Use your work breaks wisely. During lunch breaks or other short intervals, you can fit in a pumping session, respond to emails, make important phone calls, or engage in self-care activities like meditation or stretching. Be intentional with your breaks to make the most of the available time.

8. Set Boundaries and Communicate: Establish clear boundaries between work and personal life. Communicate your needs and limitations to your employer, colleagues, and family members. Advocate for your pumping and breastfeeding requirements, and assertively communicate

when you need uninterrupted time for pumping or when
you need support in balancing your responsibilities.

9. Utilize Technology: Leverage technology to streamline
tasks and improve efficiency. Utilize productivity apps for
managing tasks, scheduling, and note-taking. Explore
breastfeeding apps that track feeding and pumping sessions,
provide reminders, and offer breastfeeding tips. Use cloud
storage to access important documents and files from
anywhere. These tools can help you stay organized and
manage your time effectively.

10. Practice Self-Care: Remember to prioritize self-care to
maintain your overall well-being. Take breaks when needed,
get sufficient rest, engage in physical activity, and nourish
your body with a healthy diet. Self-care is crucial for your
mental and physical health, which in turn allows you to be
more productive and focused in both your professional and
breastfeeding roles.

By implementing effective time management and
organization strategies, you can optimize your productivity,
minimize stress, and find a healthy balance between
breastfeeding and career advancement. Remember, finding

what works best for you may require some trial and error, so
be adaptable and willing to adjust your approach as needed.

Strategies for Optimizing Time and Prioritizing Tasks as a Breastfeeding Working Mom

As a breastfeeding working mom, your time is precious and
juggling multiple responsibilities can be challenging.
However, with effective time management strategies and
prioritization techniques, you can optimize your time and
ensure that important tasks are accomplished. Here are some
strategies to help you optimize time and prioritize tasks:

1. Plan and Organize: Take time to plan and organize your
day, week, and month. Start by creating a to-do list or using
a digital task management tool to capture all your tasks and
responsibilities. Break down larger tasks into smaller,
manageable steps. Allocate specific time slots for
work-related tasks, pumping sessions, childcare, self-care,
and other essential activities. Having a clear plan in place
will help you stay focused and ensure that you address all
necessary tasks.

2. Identify Priorities: Determine your priorities both at
work and in your breastfeeding journey. Identify tasks or

goals that are most important and align with your long-term objectives. Focus on activities that have the greatest impact and contribute to your personal and professional growth. By identifying your priorities, you can allocate your time and energy accordingly.

3. Delegate and Seek Support: Understand that you don't have to do everything alone. Delegate tasks at work and seek support from your partner, family, friends, or hired help for household chores, childcare, or other responsibilities. Communicate your needs and let others contribute and share the load. Delegating tasks and seeking support will free up time and mental space for essential tasks and self-care.

4. Set Realistic Expectations: Be realistic about what you can accomplish within a given timeframe. Avoid overcommitting and taking on more than you can handle. Set reasonable expectations for yourself and communicate them with your colleagues and family members. It's important to find a balance between meeting your professional obligations and ensuring quality time with your baby.

5. Utilize Time-Saving Techniques: Look for opportunities to save time throughout your day. For

example, prepare meals in advance or opt for easy and
nutritious meal options. Streamline your morning routine
by organizing your work bag, pumping supplies, and baby's
essentials the night before. Use technology to your
advantage, such as scheduling emails or using productivity
apps to automate or streamline repetitive tasks.

6. Maximize Commute or Downtime: Make the most of
any downtime or commuting time. Use these moments to
catch up on work-related tasks, listen to educational
podcasts or audiobooks, or engage in self-care activities like
deep breathing or mindfulness exercises. These pockets of
time can be valuable for completing small tasks or nurturing
your well-being.

7. Practice Time Blocking: Time blocking involves
dedicating specific time slots for different tasks or activities.
Set aside focused blocks of time for work-related tasks,
pumping sessions, baby bonding, self-care, and other
priorities. During these time blocks, eliminate distractions,
set boundaries, and fully immerse yourself in the task at
hand. This technique helps you stay focused and prevents
task overlap or time mismanagement.

8. Learn to Say No: As a working mom, it's important to set boundaries and learn to say no to non-essential tasks or commitments that may overwhelm your schedule. Prioritize your well-being, family, and career. Politely decline requests or delegate them to others when necessary. Saying no allows you to protect your time and prioritize tasks that align with your goals.

9. Take Care of Yourself: Self-care is crucial for your overall well-being and productivity. Ensure you're getting enough rest, exercise, and nourishing meals. Take breaks when needed to recharge and rejuvenate. Self-care allows you to show up as your best self, both at work and in your breastfeeding journey.

10. Seek Support Networks: Connect with other breastfeeding working moms or join support groups to share experiences, tips, and advice. Networking with like-minded individuals can provide a sense of community and support. You can learn from each other's strategies, find encouragement, and gain insights into effective time management techniques.

Remember, finding the right balance between work, breastfeeding, and personal life is a continuous process. Be adaptable and willing to adjust your strategies as needed. With these time optimization and task prioritization strategies, you can navigate the demands of being a breastfeeding working mom more effectively and find fulfillment in both your professional and personal roles.

Balancing Work Deadlines and Feeding Schedules: Strategies for Success

Finding the balance between work deadlines and feeding schedules as a breastfeeding working mom can be a complex task. However, with careful planning and effective strategies, you can successfully manage both aspects of your life. Here are some strategies to help you balance work deadlines and feeding schedules:

1. Establish a Routine: Establishing a consistent routine for both work and feeding can provide structure and help manage your time effectively. Set fixed times for feeding your baby and plan your work schedule around those times as much as possible. Creating a routine will help your baby anticipate and adjust to feeding times, allowing you to plan your work deadlines accordingly.

2. Communicate with Your Employer: Open communication with your employer is crucial. Discuss your feeding schedule and needs, explaining the importance of maintaining consistent feeding times for your baby's health. If possible, work with your employer to establish a flexible schedule that accommodates both work deadlines and feeding sessions.

3. Plan and Prioritize: Planning is essential to ensure that work deadlines and feeding sessions are prioritized effectively. Review your work assignments and deadlines in advance and allocate time slots specifically for working on those tasks. Prioritize your work based on urgency and importance, focusing on critical deadlines while ensuring you have dedicated time for feeding your baby.

4. Take Advantage of Breaks: Utilize your breaks strategically. During your work breaks, you can pump breast milk, catch up on emails, or complete smaller tasks that require less time and concentration. Plan your breaks strategically to align with your feeding schedule, allowing you to both nourish your baby and make progress on work-related tasks.

5. Utilize Technology: Leverage technology to your advantage. Use productivity apps, time management tools, and project management software to organize and prioritize your work. Set reminders for both work deadlines and feeding times to ensure you stay on track. Calendar apps can help you visualize your schedule and ensure that you allocate sufficient time for feeding sessions.

6. Delegate and Seek Support: Delegate tasks at work whenever possible. Distribute workload among team members or collaborate on projects to share responsibilities. Seek support from your partner, family, or trusted caregivers to assist with feeding or caring for your baby during your working hours. Delegating tasks and seeking support can help alleviate some pressure and create a more balanced environment.

7. Time-Saving Strategies: Identify time-saving strategies to optimize your productivity. Streamline tasks, automate processes, or find ways to work more efficiently. Break down larger projects into smaller, manageable tasks that can be accomplished within shorter time frames. Identify any time-consuming or non-essential tasks that can be eliminated or delegated, allowing you to focus on critical work deadlines.

8. Flexibility and Adaptability: Recognize that balancing work deadlines and feeding schedules may require flexibility and adaptability. Be prepared to adjust your schedule when unexpected changes occur, such as a baby's growth spurt or a work emergency. Maintain a flexible mindset, and proactively communicate with both your work and home support systems to navigate such situations effectively.

9. Self-Care: Taking care of yourself is crucial for managing work deadlines and feeding schedules effectively. Prioritize self-care activities that promote your well-being, such as getting enough rest, engaging in exercise, and nourishing your body with healthy meals. When you are well-rested and energized, you can better manage stress, meet deadlines, and focus on your baby's feeding needs.

10. Seek Peer Support: Connect with other breastfeeding working moms or join support groups where you can share experiences, strategies, and challenges. Learning from others who have successfully balanced work and feeding schedules can provide valuable insights and support.

Remember, finding the right balance between work deadlines and feeding schedules may require some experimentation and adjustments. Each working mom's situation is unique, so be patient with yourself and be willing to adapt your strategies as needed. With thoughtful planning, effective communication, and a focus on your well-being and your baby's needs, you can navigate the demands of work deadlines and feeding schedules successfully.

CHAPTER 7: NURTURING A SUPPORTIVE WORK ENVIRONMENT FOR BREASTFEEDING WORKING MOMS

Creating a supportive work environment is crucial for breastfeeding working moms to feel empowered, valued, and successful in both their professional and breastfeeding journeys. When employers and colleagues prioritize and support breastfeeding, it fosters a positive workplace culture and enables working moms to navigate their responsibilities with confidence.

Here are some strategies to nurture a supportive work environment:

1. Implement Breastfeeding-Friendly Policies: Develop and implement breastfeeding-friendly policies that outline the rights and accommodations for breastfeeding employees. Ensure that these policies align with local laws and regulations, providing reasonable break times for pumping, access to private lactation spaces, and guidelines for storing and handling breast milk. Communicate these policies clearly to all employees and provide resources for support and education.

2. Educate and Train: Conduct training sessions or workshops to educate managers, supervisors, and colleagues about the benefits of breastfeeding and the needs of breastfeeding working moms. Provide information on how to support and accommodate breastfeeding employees effectively. This training can help dispel misconceptions, promote understanding, and foster a supportive environment for breastfeeding moms.

3. Create Lactation Spaces: Designate private, comfortable, and hygienic lactation spaces that are easily accessible for breastfeeding employees. These spaces should be equipped with a comfortable chair, a clean surface for pumping equipment, electrical outlets, and a refrigerator for storing expressed milk. Ensure that the spaces are adequately ventilated and soundproofed to provide privacy and a calm environment.

4. Supportive Supervision: Encourage supervisors and managers to be supportive and understanding of breastfeeding employees' needs. Foster a culture where open communication is encouraged, allowing employees to discuss their breastfeeding requirements without fear of negative consequences. Train supervisors to be flexible in accommodating pumping breaks and to create a supportive atmosphere that promotes work-life balance.

5. Peer Support Networks: Facilitate peer support networks or breastfeeding support groups within the workplace. These networks can provide a platform for breastfeeding working moms to share experiences, offer advice, and provide emotional support to one another. Peer support can be invaluable in reducing feelings of isolation and promoting a sense of community among breastfeeding employees.

6. Flexible Work Arrangements: Consider offering flexible work arrangements, such as adjusted work hours, compressed workweeks, or remote work options, to accommodate breastfeeding working moms. Flexibility allows employees to schedule pumping sessions more effectively and balance work responsibilities with breastfeeding and caregiving. Evaluate the feasibility of such arrangements and make them available to eligible employees.

7. Breastfeeding Education and Resources: Provide breastfeeding education resources to employees, including access to lactation consultants, online breastfeeding courses, and informational materials. Offer information on breastfeeding benefits, pumping techniques, and common challenges working moms may face. By providing resources, you empower employees with knowledge and tools to navigate their breastfeeding journey successfully.

8. Encourage Supportive Colleague Relationships: Foster an inclusive and supportive culture among colleagues. Encourage empathy, understanding, and respect among team members. Promote a work environment where colleagues are encouraged to offer assistance, provide coverage when needed, or accommodate scheduling adjustments for breastfeeding employees. Encouraging supportive relationships helps create a sense of camaraderie and shared responsibility.

9. Celebrate Breastfeeding Milestones: Acknowledge and celebrate breastfeeding milestones and achievements of working moms. Recognize their efforts and dedication in balancing their roles as employees and breastfeeding mothers. This recognition can be through company-wide announcements, small gestures of appreciation, or designated events that highlight the importance of breastfeeding and the accomplishments of working moms.

10. Continuous Feedback and Improvement: Regularly seek feedback from breastfeeding employees to understand their experiences, challenges, and suggestions for improvement. Use this feedback to continuously evaluate and enhance the breastfeeding support initiatives in the workplace. Engage in open dialogue and make necessary adjustments to ensure that the support provided is effective and aligned with the needs of working moms.

Creating a supportive work environment for breastfeeding working moms requires a collective effort from employers, managers, colleagues, and the entire organization. By prioritizing the needs of breastfeeding employees, fostering understanding, and implementing supportive policies and practices, you can create an environment where working moms feel respected, supported, and empowered to succeed in both their professional and breastfeeding journeys.

Advocating for Breastfeeding-Friendly Policies in the Workplace

Advocating for breastfeeding-friendly policies in the workplace is crucial to ensure that breastfeeding working moms have the support and accommodations they need to navigate their dual roles successfully. By advocating for these policies, you can contribute to creating a more inclusive and supportive work environment. Here are some strategies to effectively advocate for breastfeeding-friendly policies:

1. Research and Understand the Benefits: Familiarize yourself with the numerous benefits of breastfeeding for both mothers and babies. Understand the positive impact that breastfeeding can have on employee well-being, productivity, and retention. Educate yourself about the legal rights and protections available for breastfeeding employees in your country or region.

2. Formulate a Solid Case: Gather relevant data and statistics to support your case for breastfeeding-friendly policies. Highlight the positive outcomes associated with supporting breastfeeding in the workplace, such as reduced healthcare costs, improved employee morale and loyalty, and enhanced company reputation. Use this information to articulate the value of breastfeeding-friendly policies to employers and decision-makers.

3. Build Alliances and Support: Identify like-minded colleagues, allies, and stakeholders who share your belief in the importance of breastfeeding support. Collaborate with them to build a coalition or working group focused on advocating for breastfeeding-friendly policies. Having a united front can strengthen your advocacy efforts and increase the chances of success.

4. Engage in Dialogue: Initiate conversations with key stakeholders, such as human resources personnel, supervisors, and executives, to discuss the need for breastfeeding-friendly policies. Share your knowledge, experiences, and the benefits of supporting breastfeeding employees. Encourage open dialogue, addressing any concerns or misconceptions that may arise. Highlight the positive impact on employee satisfaction, retention, and the overall workplace culture.

5. Utilize Existing Frameworks and Policies: Familiarize yourself with your company's existing policies related to work-life balance, family support, and equal opportunity. Identify opportunities to align breastfeeding support within these frameworks. Emphasize the compatibility of breastfeeding-friendly policies with existing policies and the organization's values.

6. Develop a Proposal: Create a comprehensive proposal that outlines the need for breastfeeding-friendly policies, the potential benefits for the organization, and specific policy recommendations. Clearly articulate the accommodations required, such as dedicated lactation spaces, flexible work schedules, and support for expressing and storing breast milk. Present your proposal in a professional and persuasive manner.

7. Demonstrate Return on Investment: Highlight the return on investment that breastfeeding-friendly policies can provide to the organization. This could include reduced absenteeism, lower healthcare costs, increased employee retention, and improved employee morale and productivity. Back your arguments with research and data that demonstrate the positive impact on the organization's bottom line.

8. Seek Support from Employee Resource Groups: Engage with existing employee resource groups (ERGs) or consider forming a breastfeeding support group within your organization. ERGs can serve as valuable allies in advocating for breastfeeding-friendly policies by providing a collective voice and sharing experiences and insights. Leverage the influence and visibility of ERGs to raise awareness and gain support for your cause.

9. Engage with Leadership: Request meetings with company leadership or key decision-makers to present your proposal and discuss the importance of breastfeeding-friendly policies. Share success stories from other organizations that have implemented supportive policies and achieved positive outcomes. Emphasize the competitive advantage of being an employer of choice for breastfeeding working moms.

10. Collaborate with HR and Wellness Programs: Collaborate with the human resources department and wellness programs within your organization to integrate breastfeeding support into existing wellness initiatives. This can include providing educational resources, organizing breastfeeding awareness campaigns, or offering support for lactation consultations or breastfeeding classes.

11. Monitor Progress and Evaluate Impact: Continuously monitor the progress of your advocacy efforts and evaluate the impact of implemented policies. Collect feedback from breastfeeding employees and track metrics such as employee satisfaction, retention rates, and any cost savings associated with breastfeeding support initiatives. Use this information to demonstrate the effectiveness of

breastfeeding-friendly policies and drive further
improvements.

Remember, advocacy is an ongoing process, and change may
take time. Patience, persistence, and collaboration are key.
By advocating for breastfeeding-friendly policies in the
workplace, you can contribute to a more inclusive and
supportive environment that enables breastfeeding working
moms to thrive personally and professionally.

Building Alliances with Colleagues and Supervisors to Support Breastfeeding

Creating alliances with colleagues and supervisors is essential
for advocating for breastfeeding support in the workplace.
By fostering relationships based on understanding and
shared goals, you can garner support and create a more
inclusive work environment for breastfeeding working
moms.

Here are some strategies for building alliances:

1. Foster Open Communication: Establish open lines of
communication with colleagues and supervisors. Engage in
regular conversations to share your experiences, concerns,
and the importance of breastfeeding support. Listen to their

perspectives and be receptive to their feedback. Building strong communication channels forms the foundation for building alliances.

2. Educate and Raise Awareness: Educate colleagues and supervisors about the benefits of breastfeeding, both for the individual and the organization. Share information on the positive impact of breastfeeding support on employee well-being, productivity, and retention. Provide resources, articles, or personal stories to help them understand the significance of this issue.

3. Share Personal Experiences: Personal experiences can be powerful catalysts for change. Share your own experiences as a breastfeeding working mom, discussing the challenges and the support that made a difference. By sharing your journey, you humanize the issue and help colleagues and supervisors empathize with your situation.

4. Find Common Ground: Identify shared goals and values with your colleagues and supervisors. Seek areas of alignment where supporting breastfeeding can contribute to the overall success of the organization, such as employee well-being, work-life balance, and diversity and inclusion.

Emphasize how breastfeeding support aligns with existing organizational values and objectives.

5. Collaborate on Solutions: Involve colleagues and supervisors in the process of finding solutions and implementing breastfeeding support initiatives. Seek their input and perspectives, and demonstrate that supporting breastfeeding can benefit both individuals and the organization as a whole. Collaborative problem-solving creates a sense of ownership and commitment among stakeholders.

6. Share Success Stories: Collect success stories from other organizations that have implemented breastfeeding-friendly policies. Highlight the positive outcomes they achieved, such as increased employee satisfaction, retention, and improved workplace culture. Sharing success stories can inspire colleagues and supervisors and provide tangible evidence of the benefits of breastfeeding support.

7. Engage in Professional Development: Participate in professional development opportunities related to breastfeeding support and work-life balance. Attend conferences, workshops, or webinars where you can gain knowledge and insights to share with colleagues and supervisors. Becoming a subject matter expert will enhance your credibility and strengthen your advocacy efforts.

8. Form Support Networks: Create or join employee resource groups or support networks focused on supporting working parents or breastfeeding employees. Collaborate with colleagues who share similar concerns and interests. Together, you can amplify your voices, share resources, and advocate for change collectively.

9. Provide Resources and Tools: Offer colleagues and supervisors relevant resources, such as articles, research studies, or best practice guides, that highlight the importance of breastfeeding support in the workplace. Provide practical tools and resources that can help them understand their roles and responsibilities in supporting breastfeeding employees.

10. Seek Leadership Support: Engage supervisors and managers in your advocacy efforts. Share your ideas, proposals, or suggestions for implementing breastfeeding-friendly policies and seek their support and endorsement. Having the support of supervisors and managers can significantly influence the decision-making process and foster a more supportive work environment.

11. Acknowledge and Appreciate Support: Recognize and appreciate colleagues and supervisors who actively support breastfeeding employees. Express gratitude for their understanding, flexibility, and willingness to collaborate. Positive reinforcement strengthens relationships and encourages ongoing support.

Remember, building alliances is an ongoing process that requires patience, empathy, and perseverance. By fostering positive relationships with colleagues and supervisors, you can create a strong network of support for breastfeeding working moms and drive positive change in the workplace.

CHAPTER 8: OVERCOMING CHALLENGES: TRAVEL, BUSINESS MEETINGS, AND CONFERENCES AS A BREASTFEEDING WORKING MOM

Being a breastfeeding working mom often comes with the challenge of managing breastfeeding while attending business meetings, conferences, or traveling for work. However, with careful planning and proactive strategies, you can successfully navigate these situations while continuing to provide breast milk for your baby.

Here are some tips for overcoming challenges related to travel, business meetings, and conferences:

1. Plan Ahead: Start planning early to ensure a smooth experience. Determine the logistics of your trip, including travel arrangements, accommodation, and meeting schedules. Consider how breastfeeding will fit into your itinerary and identify any potential obstacles you may face.

2. Communicate Your Needs: Inform your supervisor, colleagues, or event organizers in advance about your breastfeeding needs. Clearly communicate your requirements for pumping breaks, access to lactation spaces, and storage for expressed milk. By advocating for your needs, you increase the likelihood of receiving the necessary support.

3. Research Facilities and Resources: Before your trip or attending a conference, research the facilities available at your destination. Identify private areas where you can comfortably express breast milk, such as lactation rooms, private offices, or hotel rooms with appropriate amenities. Locate nearby breastfeeding-friendly spaces or breastfeeding support resources in the area.

4. Pack Essential Supplies: Make a checklist of essential breastfeeding supplies to pack for your trip. This may include a breast pump, spare parts, storage containers or bags for milk, cooling packs, nursing pads, and comfortable clothing for pumping. Having these supplies readily available will ensure you're prepared for expressing milk while on the go.

5. Know Your Rights: Familiarize yourself with your legal rights regarding breastfeeding and pumping at your destination. Research local laws and regulations to understand the protections and accommodations available to breastfeeding working moms. This knowledge can empower you to advocate for your rights if needed.

6. Plan Pumping Breaks: Incorporate pumping breaks into your schedule and communicate your availability to colleagues or event organizers. Find appropriate times during breaks, lunch breaks, or quieter periods to accommodate your pumping sessions. Prioritize your needs and schedule breaks accordingly to maintain your milk supply.

7. Use Technology to Your Advantage: Leverage technology to support your breastfeeding journey while traveling. Consider using portable and discreet breast pumps or hands-free pumping bras that allow you to pump on the go. Explore smartphone apps or wearable devices that can track your pumping sessions, monitor milk supply, or provide relaxation techniques during pumping sessions.

8. Maximize Downtime: Utilize any downtime during your trip or conference to pump and store milk. Take advantage of breaks between meetings, during travel, or in the evenings when you're back in your hotel room. Use this time to maintain your milk supply and relieve any discomfort.

9. Maintain Hygiene and Safety: Ensure that you have access to clean water and appropriate facilities for washing pump parts and storage containers. Follow proper hygiene practices when handling expressed milk to maintain its safety and quality. Carry sanitizing wipes or disinfectant sprays for cleaning surfaces and pump parts when necessary.

10. Seek Support: Reach out to other breastfeeding working moms or join online communities to seek advice and support. Connect with fellow attendees or colleagues who may have similar experiences and can provide guidance. Sharing experiences and tips can help alleviate any concerns or anxieties you may have.

11. Practice Self-Care: Traveling and attending business meetings or conferences can be physically and mentally demanding. Remember to prioritize self-care to ensure your well-being. Stay hydrated, eat nutritious meals, and get enough rest to support your milk production and overall health.

Remember, each breastfeeding journey is unique, and you may encounter challenges along the way. By proactively planning, communicating your needs, and utilizing available resources, you can overcome obstacles related to travel, business meetings, and conferences as a breastfeeding working mom. Stay flexible, be patient with yourself, and celebrate your dedication to providing breast milk for your baby while pursuing your professional goals.

Managing Breastfeeding During Business Trips and Off-site Meetings

Balancing breastfeeding and work responsibilities can be especially challenging during business trips and off-site meetings. However, with careful planning and a proactive approach, you can successfully manage breastfeeding while away from your regular workplace. Here are some strategies to help you navigate breastfeeding during business trips and off-site meetings:

1. Plan Ahead: Start by planning well in advance of your trip or off-site meeting. Consider the duration of your absence and the availability of breastfeeding facilities at your destination. Make a checklist of essential items you need to pack, such as your breast pump, storage containers, nursing pads, and any necessary accessories.

2. Communicate with Your Supervisor or Event Organizer: Inform your supervisor or the event organizer about your breastfeeding needs. Clearly communicate your requirements for breaks to pump, access to a private space, and any accommodations you may need. Provide them with a general schedule of your pumping sessions, so they can take it into account when planning meetings or activities.

3. Research the Facilities: Familiarize yourself with the facilities available at your destination. Find out if there are lactation rooms or private spaces where you can comfortably express milk. If possible, request a hotel room with a refrigerator to store your expressed milk. Additionally, inquire about local regulations or policies related to breastfeeding in public spaces.

4. Arrange for Refrigeration and Storage: If a refrigerator is not available at your accommodation or workplace, explore alternatives for storing your expressed milk. Look for nearby facilities, such as pharmacies or hospitals, that may offer refrigeration services. Consider bringing a small cooler bag with ice packs to keep the milk fresh during transit.

5. Pack Essential Supplies: Ensure that you have all the necessary supplies for pumping and storing breast milk. Double-check that you have your breast pump, spare parts, storage containers or bags, cleaning supplies, and nursing pads. It's also helpful to have a portable cooler bag to transport the expressed milk.

6. Stick to Your Pumping Schedule: Maintain your pumping schedule as closely as possible, even if it means adjusting it slightly to accommodate your work obligations. Consistency is important for maintaining your milk supply. Set reminders on your phone or calendar to ensure you don't miss any pumping sessions.

7. Utilize Technology: Consider using a portable and discreet breast pump that allows you to pump on the go. Hands-free pumping bras can also be helpful, as they allow you to continue working while pumping. There are also smartphone apps and wearable devices available that can assist with tracking pumping sessions and managing milk supply.

8. Find Support: Reach out to colleagues or contacts at your destination who may have experience with breastfeeding or pumping. They can provide advice, support, and possibly even recommendations for local resources. Connecting with others who understand your situation can be invaluable during your trip.

9. Practice Self-Care: Business trips and off-site meetings can be demanding, both physically and mentally. Remember to take care of yourself by staying hydrated, eating well, and getting enough rest. Managing your stress levels will not only benefit your overall well-being but can also positively impact your milk supply.

10. Stay Connected with Your Baby: Being away from your baby during business trips can be emotionally challenging. Find ways to stay connected with your little one while you're apart, such as carrying a photo or a small item that reminds you of them. Consider video calls or exchanging messages with your caregiver to check in and receive updates.

11. Remain Flexible: Despite careful planning, unexpected situations can arise during business trips. Stay flexible and adapt your pumping schedule as needed. Be prepared to handle changes in meeting times or locations, and have a backup plan in case of any unforeseen circumstances.

Remember, every breastfeeding journey is unique, and it may take some time to find a routine that works best for you during business trips and off-site meetings. Be patient with yourself, seek support when needed, and celebrate your commitment to providing breast milk for your baby even while away from home.

Tips for Handling Conferences and Networking Events While Maintaining Breastfeeding Routines

Attending conferences and networking events as a breastfeeding working mom can present unique challenges, but it's absolutely possible to navigate these situations while maintaining your breastfeeding routines. Here are some helpful tips to help you balance your professional engagements while prioritizing your breastfeeding journey:

1. Plan Ahead: Review the conference or networking event schedule in advance. Identify the gaps or breaks in the program where you can schedule your pumping sessions. Plan your day accordingly to ensure you have dedicated time for expressing milk.

2. Locate Lactation Rooms: Check if the conference venue or event location provides dedicated lactation rooms or private spaces for breastfeeding or pumping. Research the facility's website or contact the event organizers to inquire about available accommodations. Knowing where you can pump in a comfortable and private environment will give you peace of mind.

3. Pack Your Pumping Essentials: Ensure you have all your pumping essentials packed and ready to go. Bring your breast pump, extra pump parts, storage containers or bags, nursing pads, and any other supplies you need for expressing milk. Carry them in a discreet and convenient bag to make pumping on the go easier.

4. Time Your Pumping Sessions: Coordinate your pumping sessions with your conference schedule. Use breaks between sessions, lunch breaks, or any other designated downtime to pump. Set reminders on your phone or watch to stay on track with your pumping schedule.

5. Communicate Your Needs: Inform the conference organizers or event staff about your breastfeeding needs. Share your requirements for breaks and a private space to pump. They may be able to assist you in finding suitable arrangements or provide guidance on the available facilities.

6. Utilize Portable and Discreet Pumping Options:
Consider using a portable and discreet breast pump that
allows you to pump discreetly even in public settings.
Wearable breast pumps or hands-free pumping bras can
provide flexibility and convenience during networking
events or sessions where you need to be more mobile.

7. Dress Comfortably and Accessibly: Choose clothing
that allows for easy and discreet access to your breasts for
pumping or nursing. Opt for comfortable, loose-fitting tops
or dresses that facilitate easy and discreet pumping sessions.
Wearing a nursing cover or scarf can provide added privacy if
desired.

8. Connect with Other Breastfeeding Moms:
Conferences and networking events often bring together
diverse professionals, including fellow breastfeeding moms.
Reach out to colleagues or attendees who may be in a similar
situation and connect with them. Sharing experiences, tips,
and support can be beneficial for both personal and
professional networking.

9. Stay Hydrated and Nourished: Conferences and
networking events can be physically and mentally
demanding, so it's crucial to take care of yourself. Stay

hydrated by carrying a water bottle with you and make sure
to eat nutritious snacks or meals throughout the day to
support your milk supply and overall well-being.

10. Seek Support from Your Network: Lean on your
support network, whether it's your partner, family, or
trusted friends. Communicate with them about your
conference schedule and discuss strategies to help you
balance your breastfeeding needs with your professional
commitments. Their understanding and assistance can make
a significant difference.

11. Practice Self-Care: Remember to take care of yourself
amidst the busy conference or networking event schedule.
Take short breaks to relax, engage in deep breathing
exercises, or find a quiet corner to recharge. Prioritizing
self-care will help you manage stress and maintain your
well-being.

12. Be Flexible and Adjust as Needed: While it's
important to stick to your pumping schedule as closely as
possible, be prepared to adjust it based on unforeseen
circumstances or unexpected networking opportunities.
Stay flexible and adapt to the evolving dynamics of the event
while ensuring that your breastfeeding needs are met.

Remember, every breastfeeding journey is unique, and finding the right balance between professional engagements and breastfeeding requires some trial and error. With proper planning, open communication, and self-care, you can successfully handle conferences and networking events while maintaining your breastfeeding routines.

CHAPTER 9: EMOTIONAL WELL-BEING: SELF-CARE AND DEALING WITH MOM GUILT

As a breastfeeding working mom, it's important to prioritize your emotional well-being. Juggling the demands of work and motherhood can sometimes lead to feelings of guilt and overwhelm. However, by practicing self-care and effectively managing mom guilt, you can nurture your own emotional health. Here are some strategies to promote emotional well-being:

1. Prioritize Self-Care: Make self-care a non-negotiable part of your routine. Find activities that recharge and relax you, whether it's taking a bath, reading a book, practicing yoga, going for a walk, or simply enjoying a cup of tea. Schedule regular self-care time and honor that commitment to yourself.

2. Seek Support: Surround yourself with a supportive network of family, friends, and fellow breastfeeding working moms. Share your experiences, concerns, and triumphs with people who understand and can provide encouragement.

Consider joining support groups, both online and offline, where you can connect with others facing similar challenges.

3. Practice Mindfulness: Incorporate mindfulness practices into your daily life. Mindfulness helps you stay present in the moment, reduces stress, and cultivates self-compassion. Engage in activities such as meditation, deep breathing exercises, or journaling to help you stay grounded and find inner calm.

4. **Set Realistic Expectations**: Understand that you're doing the best you can in balancing your roles as a working professional and a mother. Recognize that perfection is not attainable, and it's okay to ask for help or delegate tasks when needed. Set realistic expectations for yourself and focus on progress rather than perfection.

5. **Manage Mom Guilt**: Mom guilt is a common feeling experienced by many working moms. Acknowledge that it's normal to feel torn between work and motherhood, but also remember that you're providing for your family in different ways. Challenge negative self-talk and replace it with positive affirmations. Remind yourself of the love and care you provide for your child, both through breastfeeding and your overall dedication.

6. Embrace Quality over Quantity: Instead of focusing solely on the amount of time you spend with your child, prioritize the quality of the time you have together. Make the most of your interactions by being present, engaged, and creating meaningful connections. Engage in activities that promote bonding and nurture your relationship.

7. Delegate and Seek Help: Recognize that you don't have to do it all on your own. Delegate tasks at work and at home, and don't hesitate to ask for support when needed. Whether it's seeking help with childcare, household chores, or work-related responsibilities, sharing the load can alleviate stress and create more time for self-care and quality time with your child.

8. Celebrate Small Victories: Celebrate and acknowledge your accomplishments, no matter how small they may seem. Recognize that balancing breastfeeding and a career is an achievement in itself. Give yourself credit for the effort and dedication you put into both aspects of your life.

9. Practice Work-Life Integration: Strive for work-life integration rather than strict separation. Find ways to incorporate moments of connection with your child during the workday, such as video calls or sending pictures. Allow yourself to be fully present at work when needed, and then fully present with your child during your time together.

10. Be Kind to Yourself: Remember to treat yourself with kindness and compassion. Acknowledge that you're doing your best under challenging circumstances. Celebrate the love and care you provide for your child and acknowledge the positive impact you have in their life.

Taking care of your emotional well-being is crucial for your overall happiness and ability to balance breastfeeding and your career. By practicing self-care, managing mom guilt, and seeking support, you can navigate the challenges with greater resilience and find fulfillment in both your professional and personal roles. Remember, you are a remarkable working mom, and your dedication and love make a significant difference in the life of your child.

Prioritizing Self-Care to Maintain Physical and Mental Well-being

As a breastfeeding working mom, prioritizing self-care is essential for maintaining your physical and mental well-being. Taking care of yourself allows you to show up as

the best version of yourself for both your baby and your
professional responsibilities. Here are some key strategies for
prioritizing self-care:

1. Nurture Your Physical Health:

- **Get Adequate Rest**: Ensure you're getting enough sleep
to support your physical and mental well-being. Create a
sleep routine that works for you, and consider napping
during the day if needed.

- **Eat Nutritious Meals**: Fuel your body with healthy,
balanced meals and snacks. Choose nutrient-dense foods
that provide the energy and nourishment you need.

- **Stay Hydrated**: Drink plenty of water throughout the
day to stay hydrated. Carry a water bottle with you as a
reminder to drink regularly.

- **Engage in Regular Exercise**: Find ways to incorporate
physical activity into your routine. Whether it's going for a
walk, attending a fitness class, or practicing yoga, exercise
not only benefits your physical health but also boosts your
mood and reduces stress.

2. Prioritize Mental Health:

- **Practice Mindfulness and Relaxation Techniques**:
Engage in mindfulness practices, such as meditation, deep

breathing exercises, or guided imagery, to reduce stress and promote mental well-being.

- **Schedule "Me Time"**: Set aside dedicated time for activities that bring you joy and relaxation. It could be reading a book, taking a bath, pursuing a hobby, or simply enjoying quiet time alone.

- **Seek Emotional Support**: Connect with loved ones, friends, or support groups who can provide a listening ear and emotional support. Sharing your thoughts and feelings with trusted individuals can help alleviate stress and promote emotional well-being.

- **Consider Therapy or Counseling**: If you're struggling with overwhelming emotions, anxiety, or postpartum depression, seeking professional help can be beneficial. Therapy or counseling can provide a safe space to explore your feelings and develop coping strategies.

3. Set Boundaries:

- **Establish Clear Work-Life Boundaries**: Define boundaries between your work and personal life to maintain a healthy balance. Set realistic expectations for yourself and communicate your boundaries to your employer, colleagues, and family.

- **Learn to Say No**: Prioritize your commitments and learn to say no to tasks or events that overwhelm you or take away from your well-being. Remember, it's okay to prioritize yourself and your needs.

4. Delegate and Ask for Help:

- **Delegate Responsibilities**: Identify tasks that can be delegated at work and at home. Share household chores, childcare duties, or work responsibilities with your partner, family members, or trusted individuals.

- **Seek Support**: Reach out for support when needed. Whether it's hiring a babysitter, enlisting the help of family members, or joining parenting support groups, having a strong support system can lighten your load and provide valuable assistance.

5. Take Technology Breaks:

- **Limit Screen Time**: Unplug from technology and take regular breaks from screens. Set boundaries around your usage of smartphones, laptops, and social media platforms to create space for relaxation and present-moment experiences.

6. Celebrate Achievements:

- **Acknowledge Your Accomplishments**: Celebrate your achievements, no matter how small they may seem. Recognize and appreciate the efforts you put into your work, parenting, and self-care. Celebrating milestones and successes boosts your self-esteem and motivates you to continue prioritizing self-care.

Remember, self-care is not selfish; it's a necessary investment in your well-being. By prioritizing self-care, you'll be better equipped to handle the challenges that come with balancing breastfeeding and your career, ultimately leading to a more fulfilling and harmonious life.

Coping with Guilt and Finding Balance in Personal and Professional Spheres

As a breastfeeding working mom, it's common to experience feelings of guilt when trying to balance your personal and professional spheres. However, it's important to recognize that finding balance is an ongoing process, and it's normal to face challenges along the way. Here are some strategies to cope with guilt and strive for a harmonious balance:

1. Reframe Your Perspective: Instead of focusing on what you may perceive as shortcomings or areas of imbalance, reframe your perspective. Remind yourself that you are doing the best you can, given your unique circumstances.

Recognize and celebrate the achievements and positive aspects of both your personal and professional life.

2. Practice Self-Compassion: Be kind and understanding towards yourself. Understand that it's impossible to be perfect in every aspect of life, and it's okay to prioritize and make choices that align with your values and priorities. Treat yourself with the same compassion and understanding you would offer to a friend in a similar situation.

3. Set Realistic Expectations: Avoid placing unrealistic expectations on yourself. Understand that there will be times when certain areas of your life require more attention and focus than others. Set realistic expectations for yourself and be flexible in adapting to the changing demands of both your personal and professional roles.

4. Prioritize and Delegate: Identify your priorities in both personal and professional realms. Determine what truly matters to you and focus your energy on those areas. Delegate tasks whenever possible, whether it's at work or at home, to lighten your load and create more time and space for the things that matter most.

5. Communicate Openly: Foster open communication with your partner, family, and colleagues. Clearly express your needs, challenges, and concerns. Share your journey as a breastfeeding working mom, and seek understanding and support from those around you. Building a strong support network can help alleviate guilt and create a sense of solidarity.

6. Find Quality Time: Aim to create quality moments rather than quantity. Make the most of the time you have with your baby by being fully present and engaged. Similarly, when you're at work, focus on being present and productive, knowing that you're providing for your family's needs.

7. Establish Boundaries: Set clear boundaries between your personal and professional life. Avoid bringing work-related stress or concerns into your personal time, and vice versa. Create dedicated time for yourself, your family, and your own self-care to recharge and rejuvenate.

8. Practice Self-Care: Prioritize self-care to maintain your physical and mental well-being. Make time for activities that nourish your soul, reduce stress, and enhance your overall well-being. Engage in activities such as exercise, meditation, hobbies, or spending time with loved ones.

9. Celebrate Achievements: Acknowledge and celebrate your accomplishments, both big and small. Recognize and appreciate your efforts and achievements in both your personal and professional spheres. Take pride in the progress you've made and the positive impact you're making in your life and the lives of your loved ones.

10. Seek Support: Reach out to other breastfeeding working moms or join support groups to connect with individuals who understand your journey. Share experiences, exchange advice, and offer support to one another. Surrounding yourself with a supportive community can help you cope with guilt and find encouragement and guidance.

Remember, finding balance is a continuous process, and it may look different for everyone. Be patient with yourself, embrace the joys of both motherhood and your professional pursuits, and strive for a harmonious integration of your personal and professional spheres.

CHAPTER 10: CAREER ADVANCEMENT STRATEGIES FOR BREASTFEEDING MOMS

As a breastfeeding mom, you can pursue your career goals and aspirations while also nurturing your baby's needs. Here are some strategies to help you navigate your career advancement while continuing to breastfeed:

1. Communicate Your Needs: Open and honest communication is key. Discuss your breastfeeding needs with your supervisor or HR department. Share your desire to continue breastfeeding and express any specific accommodations you require, such as flexible work hours or a private lactation space. Clear communication ensures that your needs are understood and helps create a supportive work environment.

2. Plan and Prepare: Take time to plan and prepare for career advancement opportunities. Research and identify potential career paths or promotions that align with your goals. Update your resume, enhance your skills through professional development opportunities, and seek

mentorship or coaching to strengthen your chances of career
advancement.

3. Seek Supportive Employers: Look for employers who
prioritize work-life balance and support breastfeeding
working moms. Research companies with family-friendly
policies, such as lactation support programs, on-site
childcare facilities, or flexible work arrangements. A
supportive work environment can significantly impact your
ability to balance career advancement and breastfeeding.

4. Build a Strong Professional Network: Networking is
crucial for career advancement. Attend industry
conferences, join professional associations, and engage in
networking events. Connect with like-minded professionals,
both within and outside your organization, who can provide
mentorship, guidance, and potential career opportunities.

5. Showcase Your Skills and Accomplishments:
Highlight your skills and accomplishments to demonstrate
your value as an employee. Share your achievements,
contributions, and successful projects with your supervisors
and colleagues. Advocate for yourself and ensure your work
is recognized and appreciated.

6. Utilize Professional Development Opportunities: Take advantage of professional development programs offered by your employer or external organizations. Enhancing your skills and knowledge through training, workshops, or certifications can make you a more valuable asset to your organization and increase your chances of career advancement.

7. Create a Career-Driven Support System: Surround yourself with a supportive network of colleagues, mentors, and friends who understand and appreciate your career aspirations. Seek out individuals who can offer guidance, advice, and support as you navigate your career advancement journey.

8. Maintain a Strong Work Ethic: Demonstrate your dedication and commitment to your work. Consistently deliver high-quality work, meet deadlines, and exceed expectations. A strong work ethic and professional reputation can contribute to your career advancement opportunities.

9. Continuously Learn and Adapt: Embrace a growth mindset and continuously seek opportunities to learn and develop professionally. Stay updated with industry trends, technologies, and best practices. Embracing a learning mindset positions you as a proactive and forward-thinking professional.

10. Advocate for Yourself: Be your own advocate. Clearly communicate your career goals, aspirations, and expectations to your supervisors and mentors. Seek opportunities for growth, express your interest in challenging assignments, and be proactive in pursuing career advancement opportunities within your organization.

Remember, every breastfeeding mom's career journey is unique. Embrace the balance between your personal and professional life and find strategies that work best for you. With determination, support, and a clear focus on your goals, you can achieve career advancement while continuing to provide the best care for your baby through breastfeeding.

Nurturing Professional Growth While Balancing Breastfeeding Responsibilities

Balancing breastfeeding responsibilities with professional growth can be a challenge for working moms. However, with careful planning and strategies, it's possible to nurture your professional growth while still meeting the needs of your baby. Here are some tips to help you navigate this balancing act:

1. Define Your Goals: Take the time to define your professional goals and aspirations. Clarify what you want to achieve in your career and identify the skills, knowledge, and experiences you need to reach those goals. Having a clear vision of where you want to go will guide your efforts and help you make informed decisions about your professional growth.

2. Prioritize and Focus: Balancing breastfeeding and professional growth requires effective time management and prioritization. Identify the key areas that will have the most significant impact on your professional development and focus your energy on those. Be selective about the projects and opportunities you pursue, ensuring they align with your goals and offer meaningful growth potential.

3. Create a Supportive Work Environment: Seek out employers or organizations that prioritize work-life balance and support breastfeeding mothers. Look for companies that have family-friendly policies, flexible work arrangements, and supportive cultures. A positive work environment can make it easier to balance your responsibilities and create opportunities for professional growth.

4. Take Advantage of Flexible Work Arrangements: Explore flexible work arrangements, such as part-time schedules, telecommuting, or compressed workweeks. These arrangements can provide you with more control over your time and allow you to better manage your breastfeeding responsibilities while still progressing in your career.

5. Plan and Communicate: Effective planning and communication are vital for balancing breastfeeding and professional growth. Develop a clear plan that outlines your breastfeeding schedule, pumping times, and any accommodations you may need. Communicate this plan to your supervisor and colleagues, ensuring that everyone is aware of your needs and can support you in achieving your professional goals.

6. Seek Professional Development Opportunities: Look for professional development opportunities that are flexible and accommodating to your breastfeeding schedule. Online courses, webinars, or self-paced programs can allow you to continue learning and developing professionally while providing the flexibility to manage your breastfeeding responsibilities.

7. Network and Seek Mentors: Build a strong professional network and seek mentors who can guide and support your career growth. Connect with other working moms, join professional associations, and attend networking events. Engaging with supportive professionals can provide valuable insights, advice, and potential career opportunities.

8. Advocate for Yourself: Be your own advocate and actively seek out opportunities for growth and advancement. Express your career goals and aspirations to your supervisors, and make it known that you are committed to your professional development. Seek out challenging assignments, additional responsibilities, or projects that align with your goals.

9. Embrace Continuous Learning: Continuously invest in your professional development. Stay updated with industry trends, technologies, and best practices. Engage in ongoing learning through reading, attending conferences or webinars, and participating in relevant workshops. Embracing a growth mindset and staying current in your field will help you nurture your professional growth.

10. Take Care of Yourself: Self-care is essential for maintaining overall well-being and sustaining professional growth. Prioritize your physical and mental health, get enough rest, eat well, and engage in activities that bring you joy and relaxation. Taking care of yourself will ensure you have the energy and focus needed to excel in your career while also caring for your baby.

Remember, nurturing your professional growth while balancing breastfeeding responsibilities is a journey that requires patience, flexibility, and support. By being intentional in your goals, leveraging available resources, and seeking support, you can continue to grow professionally while providing the best care for your baby through breastfeeding.

Negotiating Promotions, Flexible Work Arrangements, and Career Development Opportunities

As a breastfeeding working mom, negotiating promotions, flexible work arrangements, and career development opportunities can help you achieve your professional goals

while maintaining a healthy work-life balance. Here are
some tips to navigate these negotiations effectively:

1. Know Your Worth: Before entering any negotiation, it's
crucial to understand your value and the contributions you
bring to the table. Reflect on your skills, accomplishments,
and the unique perspective you bring as a breastfeeding
working mom. Recognize the value you add to the
organization and the importance of your expertise in
balancing work and family responsibilities.

2. Research and Prepare: Gather relevant information
about the position or opportunity you're negotiating for.
Research industry standards, salary ranges, and flexible work
policies in your field. Prepare a compelling case by
documenting your achievements, contributions, and the
positive impact you've made in your current role. Highlight
your ability to manage your breastfeeding responsibilities
effectively while excelling in your job.

3. Articulate Your Needs: Clearly communicate your
needs and preferences during the negotiation process.
Whether it's seeking a promotion, a flexible work
arrangement, or career development opportunities, express
your desires and the specific benefits they would bring to

both you and the organization. Emphasize the value of accommodating your breastfeeding needs in fostering your productivity, engagement, and long-term commitment to the company.

4. Showcase Your Skills and Potential: Demonstrate your abilities and potential for growth within the organization. Highlight projects you've successfully managed, positive feedback you've received, and any additional skills you've acquired. Showcase how your breastfeeding experience has enhanced your time management, multitasking, and problem-solving skills, making you an asset to the team.

5. Emphasize Mutual Benefits: During negotiations, emphasize the advantages and benefits that your requests can bring to the organization. Highlight how flexible work arrangements can increase productivity, employee satisfaction, and retention. Explain how career development opportunities can enhance your skill set, allowing you to contribute more effectively to the company's success.

6. Offer Solutions: Propose specific solutions that address both your needs and the organization's goals. For example, if you're negotiating for a flexible work arrangement, suggest a trial period or a detailed plan outlining how you will ensure productivity and meet your breastfeeding commitments. By presenting well-thought-out solutions, you demonstrate your commitment to finding a win-win situation.

7. Be Open to Compromise: Negotiations often involve give-and-take. While it's important to advocate for your needs, be open to compromises that still allow you to achieve a satisfactory outcome. Consider alternative options or explore different approaches that can accommodate both your breastfeeding responsibilities and the organization's requirements.

8. Seek Support from Allies: Connect with colleagues, mentors, or support networks within your organization who can provide guidance and advice during the negotiation process. They can offer insights based on their own experiences or provide additional leverage when advocating for your needs.

9. Document Agreements: Once an agreement is reached, ensure that it is clearly documented and communicated to all relevant parties. This helps avoid misunderstandings and ensures that the agreed-upon terms are implemented effectively.

10. Follow Through and Evaluate: Once you have negotiated promotions, flexible work arrangements, or career development opportunities, it's important to follow through on your commitments. Deliver outstanding work, exceed expectations, and demonstrate the positive impact of the negotiated terms. Regularly evaluate and discuss the progress with your supervisors to ensure ongoing alignment between your needs and the organization's objectives.

Remember, negotiation is a skill that improves with practice. By effectively communicating your needs, showcasing your value, and demonstrating how accommodating your breastfeeding responsibilities can benefit both you and the organization, you can negotiate promotions, flexible work arrangements, and career development opportunities that support your professional growth as a breastfeeding working mom.

CHAPTER 11: REAL STORIES FROM SUCCESSFUL BREASTFEEDING WORKING MOMS

Hearing real stories from successful breastfeeding working moms can be inspiring and reassuring for those who are navigating the challenges of balancing breastfeeding and a career. Here are a few stories that highlight the experiences and triumphs of these remarkable women:

1. Sarah's Story:

Sarah, a marketing manager at a large corporation, was determined to continue breastfeeding her baby while advancing her career. With the support of her employer, she negotiated a flexible work arrangement that allowed her to work from home a few days a week. Sarah established a comfortable pumping routine, utilizing her breaks and lunchtime to express milk. She also joined a supportive network of working moms within her company, where they shared tips and offered encouragement. Sarah's dedication paid off, as she successfully advanced to a higher managerial position while continuing to provide breast milk for her baby.

2. Maya's Story:

Maya, a software engineer, faced the challenge of frequent business trips that often disrupted her breastfeeding routine. She proactively researched airports and hotels that provided breastfeeding-friendly facilities. Maya communicated her needs to her supervisor and HR department, requesting accommodation during her travels. Her employer supported her by ensuring access to private lactation rooms at client sites and arranging for refrigeration and storage of her expressed milk. Maya's proactive approach and open communication allowed her to continue breastfeeding while excelling in her career.

3. Emily's Story:

Emily, a lawyer in a fast-paced law firm, faced the pressure of long work hours and demanding deadlines. Despite these challenges, she was determined to breastfeed her baby exclusively. Emily sought the support of her colleagues and supervisors, who recognized the benefits of breastfeeding for both her and her baby. Her employer provided a designated lactation room within the office and accommodated her pumping schedule. Emily's commitment to balancing her legal career and breastfeeding journey not only resulted in a successful nursing relationship with her baby but also earned her respect and admiration from her peers.

4. Maria's Story:

Maria, an entrepreneur and small business owner, created a breastfeeding-friendly work environment for herself and her employees. As a working mom, she understood the importance of accommodating breastfeeding needs. Maria provided a comfortable lactation space, flexible work schedules, and allowed her employees to bring their babies to work when necessary. Her inclusive and supportive approach not only fostered a positive work culture but also attracted talented working moms who valued the opportunity to continue breastfeeding while pursuing their careers.

These real stories highlight the determination, resilience, and success of breastfeeding working moms. They demonstrate that with proper support, open communication, and a proactive approach, it is possible to nurture both a fulfilling career and a strong breastfeeding relationship with their babies. Every journey is unique, but these stories serve as a reminder that balancing breastfeeding and a successful career is attainable with the right strategies and a supportive environment.

Inspiring Personal Narratives and Experiences Shared by Working Mothers

The experiences of working mothers navigating the delicate balance between their careers and motherhood are both diverse and inspiring. Here are a few personal narratives and experiences shared by working mothers that showcase their strength, resilience, and determination:

1. Grace's Journey:

Grace, a software developer and mother of two, faced the challenge of returning to work after maternity leave. She initially struggled with guilt and anxiety, fearing that she wouldn't be able to give her best to both her career and her children. However, with the support of her partner and a strong network of fellow working moms, Grace found her stride. She embraced the concept of "quality over quantity" and made the most of the time she spent with her children, ensuring it was meaningful and engaging. Grace's journey taught her the importance of self-compassion and the power of building a support system to thrive both personally and professionally.

2. Andrea's Triumph:

Andrea, an executive in the finance industry, faced skepticism from colleagues when she announced her intention to breastfeed while working. Despite the doubts, she persevered. Andrea educated herself about her legal rights and approached her employer with a well-thought-out plan for expressing milk at work. Her determination paid off when her employer not only accommodated her needs but also implemented breastfeeding-friendly policies company-wide. Andrea's story highlights the power of advocating for oneself and the positive impact it can have on an entire organization.

3. Jessica's Flexibility:

Jessica, a marketing manager, embraced the concept of flexible work arrangements to nurture her breastfeeding relationship with her baby. Her employer allowed her to adjust her work schedule and work remotely when needed. Jessica discovered that by efficiently managing her time, she was able to excel in her role while being present for her child's milestones and breastfeeding needs. Her story showcases the value of open communication with employers and the benefits that flexible work arrangements can bring to both working mothers and organizations.

4. Rachel's Support Network:

Rachel, an educator, found solace and strength in the support of fellow working mothers within her school community. They formed a network where they shared advice, resources, and encouragement. This support network became a lifeline for Rachel as she navigated the challenges of juggling a demanding profession and breastfeeding her baby. Rachel's story emphasizes the importance of finding like-minded individuals who understand the unique challenges faced by working mothers and the power of collective support.

These personal narratives and experiences serve as a source of inspiration and encouragement for working mothers. They demonstrate the resilience and determination of women who refuse to compromise their professional aspirations or their desire to provide the best care for their children. These stories remind us that, despite the obstacles, with the right mindset, support, and self-belief, it is possible to thrive both as a working professional and a loving mother. By sharing their experiences, these working mothers empower and motivate others, creating a community of support that celebrates the incredible journeys of balancing career and motherhood.

Lessons Learned, Tips, and Advice for Achieving Balance and Success

Achieving balance and success as a breastfeeding working mom is a journey that requires adaptability, resilience, and a proactive mindset. Here are some valuable lessons learned, tips, and advice from experienced working mothers who have successfully navigated this path:

1. Embrace Self-Care: Prioritize self-care to maintain your physical and mental well-being. Remember that taking care of yourself enables you to better care for your baby and excel in your career. Find activities that recharge you, whether it's exercise, meditation, reading, or spending time with loved ones.

2. Seek Support and Build a Network: Surround yourself with a supportive community of working moms who understand your challenges. Connect with colleagues, join online forums, or attend support groups where you can share experiences, seek advice, and gain valuable insights. Building a network of like-minded individuals can provide guidance, encouragement, and a sense of belonging.

3. Communicate Openly: Establish open lines of communication with your supervisor, HR department, and colleagues. Clearly communicate your breastfeeding needs, any accommodations required, and your commitment to maintaining productivity. Open and honest communication fosters understanding, ensures your needs are met, and fosters a supportive work environment.

4. Plan and Prepare: Develop a comprehensive plan for maternity leave and your return to work. Research company policies, understand your legal rights, and explore available resources. Plan ahead for childcare arrangements, pumping schedules, and potential challenges you may face. Having a well-thought-out plan reduces stress and allows for a smoother transition.

5. Time Management and Prioritization: Effectively manage your time by setting clear priorities and establishing routines. Create schedules that accommodate breastfeeding sessions, pumping breaks, and important work tasks. Prioritize your most important and time-sensitive tasks, and delegate or seek support when needed. Time management skills are key to maintaining a balance between your personal and professional responsibilities.

6. Be Flexible and Adapt: Recognize that flexibility is essential in balancing breastfeeding and career advancement. Embrace adaptability and be open to adjusting your plans as circumstances change. Embracing flexibility allows you to navigate unexpected challenges while maintaining focus on your goals.

7. Set Realistic Expectations: Be kind to yourself and set realistic expectations. Understand that you cannot do everything perfectly all the time. Give yourself permission to prioritize and make choices that align with your values and goals. Accept that there will be moments when you need to shift your focus and energy between your career and motherhood, and that it is okay.

8. Practice Mindfulness: Cultivate mindfulness in both your personal and professional life. Be present in the moment, savoring the time spent with your baby and fully engaging in your work tasks. Mindfulness helps reduce stress, enhances focus, and allows you to fully experience the joys of both motherhood and your career.

9. Celebrate Achievements: Acknowledge and celebrate your achievements, no matter how small. Recognize your resilience, growth, and the milestones you achieve as a breastfeeding working mom. Celebrating your successes boosts your confidence and motivation to continue striving for balance and success.

10. Trust Yourself: Trust your instincts and believe in your abilities. Remember that you are capable of balancing both your breastfeeding journey and your career aspirations. Trust that you are making the best decisions for yourself and your family, and have confidence in your ability to succeed.

Every breastfeeding working mom's journey is unique, and it's essential to find what works best for you and your family. By embracing self-care, seeking support, communicating effectively, and staying flexible, you can achieve balance and success in both your breastfeeding journey and your career. Remember, you are not alone on this path, and countless working mothers have paved the way before you, sharing their lessons and experiences to support and inspire your own journey.

CHAPTER 12: THE FUTURE OF BREASTFEEDING SUPPORT IN THE WORKPLACE

As awareness grows about the benefits of breastfeeding and the importance of supporting working mothers, the future holds promising developments in breastfeeding support in the workplace. Here are some key trends and possibilities for the future:

1. Enhanced Legal Protections: Many countries have recognized the need for legal protections for breastfeeding mothers in the workplace. In the future, we can expect to see further improvements in legislation that solidify the rights of working mothers to breastfeed and express milk at work. These legal protections may include extended maternity leave, flexible work arrangements, designated lactation spaces, and allowances for breastfeeding breaks.

2. Breastfeeding-friendly Policies: Employers are increasingly recognizing the positive impact of supporting breastfeeding employees on productivity, employee satisfaction, and retention rates. The future will likely witness more organizations implementing breastfeeding-friendly policies, such as providing on-site lactation rooms with comfortable amenities, refrigeration facilities for storing breast milk, and flexible work schedules to accommodate breastfeeding needs.

3. Technological Advancements: Technology will play a significant role in supporting breastfeeding working moms. We can expect to see advancements in breast pump technology, making them more efficient, comfortable, and discreet. Additionally, digital platforms and apps may emerge to provide breastfeeding support, resources, and virtual communities for working mothers, connecting them with lactation consultants, educational materials, and peer support.

4. Continued Education and Training: In the future, there will likely be increased emphasis on educating employers, HR professionals, and coworkers about the benefits of breastfeeding and the rights of working mothers. Organizations may invest in training programs and workshops to raise awareness, foster a supportive work culture, and ensure that supervisors and colleagues are knowledgeable about accommodating and supporting breastfeeding employees.

5. Integration of Work-Life Balance Initiatives: As work-life balance becomes a higher priority for employees, organizations will focus on integrating breastfeeding support into their broader work-life balance initiatives. This may include flexible work options, remote work opportunities, and family-friendly policies that acknowledge and accommodate the needs of working parents, including breastfeeding mothers.

6. Collaboration with Healthcare Providers: The collaboration between employers and healthcare providers will strengthen in the future. Employers may partner with healthcare professionals to offer on-site lactation consultations, educational seminars, and resources to support breastfeeding employees. This partnership can ensure that working mothers receive expert guidance and ongoing support in their breastfeeding journey.

7. Cultural Shift and Normalization: The future holds a cultural shift where breastfeeding in the workplace becomes more normalized and accepted. Organizations will actively foster a supportive environment that respects and values the breastfeeding needs of working mothers. This cultural shift will lead to increased awareness, reduced stigma, and greater understanding among coworkers and supervisors.

The future of breastfeeding support in the workplace is promising, with an increased focus on legal protections, breastfeeding-friendly policies, technology advancements, education, work-life balance integration, collaboration, and cultural normalization. These developments will empower working mothers to pursue their professional goals while providing the best possible care for their babies. By creating an inclusive and supportive work environment, organizations can foster employee well-being, productivity, and retention, contributing to a more inclusive and family-friendly workforce overall.

Exploring Emerging Trends, Policies, and Initiatives for Supporting Breastfeeding Working Moms

Supporting breastfeeding working moms is an evolving field, with emerging trends, policies, and initiatives aimed at creating a conducive and supportive environment. Here are some key developments worth exploring:

1. Extended Maternity Leave: Many countries are considering or implementing extended maternity leave policies, allowing mothers more time to establish breastfeeding before returning to work. Longer maternity leave periods enable mothers to establish a stronger breastfeeding foundation and promote successful breastfeeding continuation upon their return to the workplace.

2. Flexible Work Arrangements: Flexibility in work arrangements is gaining traction, allowing breastfeeding working moms to balance their professional responsibilities with their breastfeeding needs. Flextime, compressed workweeks, job-sharing, and telecommuting options are being implemented to provide greater autonomy and control over work schedules, making it easier for mothers to accommodate breastfeeding and pumping sessions.

3. Lactation Accommodations: Employers are recognizing the importance of providing dedicated lactation spaces that meet the needs of breastfeeding mothers. These spaces are designed to be private, clean, and equipped with comfortable seating, electrical outlets for breast pumps, and refrigeration facilities for storing expressed milk. Forward-thinking organizations are going beyond legal requirements to create inviting and supportive environments for breastfeeding employees.

4. Breastfeeding Support Programs: Employers are implementing comprehensive breastfeeding support programs that extend beyond providing physical spaces for lactation. These programs may include access to lactation consultants or counselors who can provide guidance, educational resources, and personalized support to breastfeeding employees. Some organizations also offer breastfeeding classes, workshops, or support groups to facilitate knowledge-sharing and networking among working moms.

5. Employee Resource Groups: Employee resource groups (ERGs) focused on supporting working parents and breastfeeding moms are gaining popularity. These groups provide a platform for networking, sharing experiences, and advocating for the needs of working parents within the organization. ERGs can help foster a sense of community, provide guidance, and influence company policies to better support breastfeeding working moms.

6. Breastfeeding-Friendly Certification: Some regions or industry associations are introducing breastfeeding-friendly certifications or awards to recognize employers who go above and beyond to support breastfeeding in the workplace. These certifications create incentives for organizations to invest in breastfeeding support initiatives, raise awareness, and showcase their commitment to employee well-being and work-life balance.

7. National and International Campaigns: National and international campaigns are being launched to raise awareness about the importance of breastfeeding support in the workplace. These campaigns aim to destigmatize breastfeeding, educate employers and coworkers, and advocate for policy changes that better support working moms. Such initiatives help shape public perception and promote positive attitudes toward breastfeeding working moms.

8. Technology-Based Solutions: Technology is playing an increasing role in supporting breastfeeding working moms. Mobile apps and digital platforms offer features like breastfeeding trackers, pumping reminders, access to lactation consultants through virtual consultations, and communities for peer support. These technological solutions provide convenient and accessible resources to support breastfeeding journeys in the fast-paced work environment.

9. Inclusive Parental Leave Policies: Some organizations are adopting inclusive parental leave policies that extend beyond mothers to include fathers and non-birthing parents. These policies recognize the importance of parental bonding, shared responsibilities, and support for breastfeeding by providing sufficient time off for all parents to be involved in the early stages of childcare and breastfeeding.

10. Legislative Advocacy: Activists, organizations, and breastfeeding support groups are advocating for legislative changes that protect the rights of breastfeeding working moms. They aim to establish or enhance legal frameworks that guarantee workplace accommodations, breastfeeding breaks, and protections against discrimination. These advocacy efforts seek to ensure that breastfeeding mothers are supported and empowered to continue breastfeeding while pursuing their careers.

As the landscape for supporting breastfeeding working moms evolves, these emerging trends, policies, and initiatives provide hope for a more inclusive and supportive work environment. By implementing these measures, organizations can attract and retain talented employees, enhance employee well-being and satisfaction, and contribute to a more family-friendly workplace culture. It is an ongoing journey of creating awareness, challenging societal norms, and prioritizing the needs of breastfeeding working moms.

Advocating for Broader Systemic Changes to Support Breastfeeding Working Moms

While individual initiatives and workplace policies are important steps toward supporting breastfeeding working moms, advocating for broader systemic changes is essential to create a more inclusive and supportive environment on a larger scale. Here are key areas where advocacy can drive systemic changes:

1. National Legislation: Advocate for national legislation that protects the rights of breastfeeding working moms. This includes laws that guarantee reasonable break times for breastfeeding or pumping, the provision of lactation rooms in all workplaces, and protection against discrimination based on breastfeeding or expressing milk.

2. Workplace Regulations: Encourage policymakers to develop and enforce workplace regulations that specifically address the needs of breastfeeding working moms. This can include requiring all employers to provide lactation accommodations, extending paid maternity leave, and implementing flexible work arrangements to support breastfeeding employees.

3. Healthcare Reforms: Advocate for healthcare reforms that prioritize and support breastfeeding. This can involve ensuring that healthcare providers receive adequate training in lactation support, promoting breastfeeding education for expectant mothers, and increasing access to lactation consultants and support services.

4. Education and Awareness: Raise public awareness about the importance of breastfeeding and the challenges faced by working moms. Advocate for comprehensive breastfeeding education in schools, colleges, and healthcare settings to equip individuals with knowledge and understanding of breastfeeding's benefits and the support required for breastfeeding working moms.

5. Business Leadership: Encourage business leaders and organizations to take an active role in supporting breastfeeding working moms. Promote the adoption of breastfeeding-friendly policies, provide resources and training to managers and supervisors on supporting breastfeeding employees, and recognize and celebrate organizations that prioritize the well-being of working moms.

6. Research and Data Collection: Advocate for increased research and data collection on breastfeeding and its impact on working moms. This can provide valuable insights into the challenges faced by breastfeeding working moms, the effectiveness of different support strategies, and the overall benefits for both employees and employers. Data-driven evidence can be a powerful tool for advocating policy changes and influencing decision-makers.

7. Parental Leave Policies: Advocate for comprehensive parental leave policies that support both mothers and fathers in their roles as caregivers. Push for longer paid parental leave that allows parents to establish breastfeeding and bond with their newborns, recognizing that parental leave is not solely a women's issue but a shared responsibility.

8. Collaboration and Partnerships: Build alliances and collaborate with organizations, breastfeeding support groups, women's rights organizations, and healthcare professionals to amplify the advocacy efforts. Join forces to advocate for systemic changes, share resources and expertise, and create a united front in advocating for the rights of breastfeeding working moms.

9. Cultural Shift: Advocate for a cultural shift that normalizes breastfeeding and recognizes its value in the workplace. Challenge societal attitudes and stereotypes surrounding breastfeeding, foster a supportive and inclusive work culture, and celebrate the achievements of breastfeeding working moms to change the narrative and create a more accepting environment.

10. Policy Monitoring and Evaluation: Advocate for ongoing monitoring and evaluation of existing policies and initiatives to ensure their effectiveness and address any gaps or shortcomings. Push for regular reviews of workplace accommodations, parental leave policies, and healthcare support to identify areas for improvement and make necessary adjustments.

Advocating for broader systemic changes requires persistence, collaboration, and the collective efforts of individuals, organizations, policymakers, and society as a whole. By advocating for these changes, we can create a more equitable and supportive environment that empowers breastfeeding working moms to thrive both personally and professionally.

CONCLUSION: THRIVING AS A BREASTFEEDING WORKING MOM

Being a breastfeeding working mom comes with its unique challenges, but with the right support, resources, and mindset, it is possible to thrive in both personal and professional spheres. Throughout this book, we have explored the journey of a working mother, the challenges and rewards of balancing breastfeeding and career advancement, and practical strategies to navigate this delicate balance.

We have delved into the benefits of breastfeeding for both mother and baby, addressing common concerns and misconceptions, understanding rights and resources, and planning for maternity leave and return to work. We have discussed the importance of creating a conducive environment for expressing and storing breast milk, managing time and prioritizing tasks, nurturing a supportive work environment, and advocating for breastfeeding-friendly policies.

We have also explored strategies for managing breastfeeding during business trips and off-site meetings, handling conferences and networking events, and prioritizing self-care to maintain physical and mental well-being. We have discussed career advancement strategies, negotiating promotions and flexible work arrangements, and learning from inspiring personal narratives and experiences shared by successful breastfeeding working moms.

As we conclude this comprehensive guide, it is important to remember that thriving as a breastfeeding working mom requires a balance between perseverance, self-care, and the support of your workplace, family, and community. Each journey is unique, and it is essential to find what works best for you and your baby.

Remember to seek out local resources and support networks, stay informed about legal protections and accommodations, and take advantage of technological advancements and emerging trends in breastfeeding support. Surround yourself with a supportive network of colleagues, supervisors, and mentors who understand and champion your needs.

Advocating for broader systemic changes is also crucial. By advocating for policies and initiatives that support breastfeeding working moms, you contribute to creating a more inclusive and supportive environment for future generations.

Ultimately, as a breastfeeding working mom, you are a role model, a source of inspiration, and a testament to the power of dedication and resilience. Embrace the journey, celebrate your successes, and be kind to yourself during the inevitable challenges. Trust in your ability to balance the demands of motherhood and a fulfilling career, and remember that you are not alone—there is a community of breastfeeding working moms standing beside you.

With the right strategies, support, and a positive mindset, you can not only navigate the demands of breastfeeding and career advancement but also thrive, finding fulfillment in both aspects of your life. Here's to your success, well-being, and the precious bond you continue to nurture with your baby while pursuing your professional aspirations.

RECAPITULATING KEY TAKEAWAYS AND ACTIONABLE STEPS

Throughout this book, we have covered a wide range of topics related to balancing breastfeeding and career advancement as a working mom. As you embark on this journey, here are some key takeaways and actionable steps to guide you:

1. Embrace the Benefits of Breastfeeding: Understand the numerous benefits of breastfeeding for both you and your baby, including health, bonding, and cognitive development advantages.

2. Address Concerns and Misconceptions: Educate yourself about common concerns and misconceptions surrounding breastfeeding, such as milk supply, pumping, and breastfeeding in public. Seek accurate information and debunk myths to build confidence in your breastfeeding journey.

3. Know Your Rights and Resources: Familiarize yourself with local laws and workplace policies that protect your rights as a breastfeeding employee. Identify resources such as lactation consultants, support groups, and educational materials that can provide guidance and support.

4. Plan Ahead for Maternity Leave: Develop a comprehensive maternity leave plan that includes communicating with your employer, understanding your entitlements, and making arrangements for transitioning back to work. Consider factors such as breastfeeding goals, pumping schedules, and childcare arrangements.

5. Establish a Pumping Routine: Learn effective pumping techniques and invest in quality pumping equipment. Create a conducive environment at work for expressing and storing breast milk, including a designated lactation space and proper storage facilities.

6. Manage Time and Prioritize Tasks: Develop time management strategies that help you balance work deadlines and feeding schedules. Prioritize tasks, delegate when necessary, and communicate openly with your supervisor and colleagues about your needs and constraints.

7. Nurture a Supportive Work Environment: Advocate for breastfeeding-friendly policies in your workplace and collaborate with colleagues and supervisors to create a supportive and inclusive environment. Build alliances with like-minded individuals and leverage resources such as employee resource groups to champion the needs of breastfeeding working moms.

8. Take Care of Your Well-being: Prioritize self-care to maintain physical and mental well-being. Establish self-care routines, seek support from family and friends, and be gentle with yourself. Address any mom guilt by reminding yourself of the benefits you are providing to your baby and the example you are setting for them.

9. Negotiate Career Advancement: Strategize and advocate for career advancement opportunities while balancing breastfeeding responsibilities. Explore options for promotions, flexible work arrangements, and professional development that align with your goals and needs.

10. Share and Learn from Personal Narratives: Engage with personal narratives and experiences shared by other successful breastfeeding working moms. Draw inspiration, learn from their strategies, and find solace in knowing that you are not alone in this journey.

11. Advocate for Broader Systemic Changes: Join the advocacy efforts to drive systemic changes that support breastfeeding working moms. This includes advocating for national legislation, workplace regulations, healthcare reforms, education and awareness campaigns, and cultural shifts that normalize breastfeeding and support working moms.

Remember, finding balance and success as a breastfeeding working mom is an ongoing process that requires adaptation, resilience, and a supportive network. Take the knowledge and insights gained from this book and apply them in a way that suits your unique circumstances and goals. Celebrate your achievements, be compassionate with yourself during challenges, and embrace the joy of nurturing both your baby and your career.

ENCOURAGEMENT AND EMPOWERMENT FOR WORKING MOMS TO EMBRACE THEIR UNIQUE JOURNEYS

Dear Working Moms,

You are incredible. Juggling the demands of motherhood and a career is no small feat, but you are doing it with grace and strength. Your dedication to both your baby and your professional aspirations is inspiring.

Remember that your journey as a working mom is unique to you. Embrace the path you have chosen and trust in your ability to navigate the challenges that come your way. There will be days when you feel overwhelmed, when the balance feels impossible, but know that you are not alone.

Embrace the power of self-care. Take time for yourself, nurture your well-being, and prioritize your needs alongside those of your family and work. Remember that by taking care of yourself, you are better able to care for others.

Surround yourself with a support network. Seek out fellow working moms who understand your experiences and can offer guidance and empathy. Lean on your partner, family, and friends for support, and don't hesitate to ask for help when you need it.

Celebrate your successes, no matter how small. Each milestone, both in your career and in your child's life, is an achievement worth acknowledging. Give yourself credit for the incredible work you are doing and the positive impact you are making in the lives of your loved ones.

Be kind to yourself. Mom guilt may creep in from time to time, but remember that you are doing your best. You are providing for your family, nurturing your child, and setting a powerful example of dedication and ambition. Trust in your decisions and know that you are making a difference.

Embrace the journey. Your unique combination of motherhood and career is shaping you into a strong, resilient, and multi-faceted individual. Your child will grow up seeing a role model who embodies dedication, perseverance, and the pursuit of personal and professional fulfillment.

Keep dreaming, keep striving, and keep believing in yourself. Your journey as a working mom is not without its challenges, but it is also filled with incredible rewards and joy. You have the power to create a beautiful life for yourself and your family.

You are not alone on this journey. Countless working moms have walked this path before you, and many are walking it alongside you. Draw strength from their stories, find inspiration in their triumphs, and support one another as you navigate the intricacies of motherhood and career.

Embrace your unique journey, for it is in embracing who you are and all that you can accomplish that you will truly thrive. You have the strength, the resilience, and the love to create a beautiful life for yourself and your family.

Embrace it all, and know that you are enough.

With admiration and encouragement,

Your fellow working moms